中国社会科学院中国边疆史地研究中心　**厉声**　主编

当代中国边疆·民族地区典型百村调查：**新疆卷（第一辑）**

分卷主编：**马品彦　李　方**

分卷副主编：**孟　楠　许建英**

扶贫开发碑（摄于2007年9月12日）

哈拉塔尔村村景（摄于2007年9月10日）

夕阳下的村落（摄于2007年9月10日）

民居（摄于2007年9月12日）

精心打理的村民院落（摄于2007年9月12日）

哈拉塔尔村村居（摄于2007年9月10日）

暮归（摄于2007年9月11日）

虔诚（摄于2007年9月11日）

秋收（摄于2007年9月11日）

童真（摄于2007年9月11日）

回家省亲的回族妇女（摄于2007年9月11日）

来自喀什的维吾尔族大妈（摄于2007年9月12日）

阿布开老人一家（摄于2007年9月12日）

热情的保安族妇女（摄于2007年9月12日）

哈萨克族美食（摄于2007年9月10日）

实地调研（摄于2007年9月12日）

中国社会科学院中国边疆史地研究中心　厉　声　主编

当代中国边疆·民族地区典型百村调查：新疆卷（第一辑）

边村新貌

——新疆布尔津县杜来提乡哈拉塔尔村调查报告

石　岚 ◎ 著

社会科学文献出版社
SOCIAL SCIENCES ACADEMIC PRESS (CHINA)

总 序

　　深入实际、开展国情调研，是中国社会科学院肩负的重要科研任务，也是中国社会科学院履行好党中央、国务院赋予的"思想库"、"智囊团"职能的重要方式。中国边疆省区占国土面积的 60% 以上，边疆区情及当地的民族社会调研（边疆调研）是中国国情调研的重要组成部分。正如一位边疆工作者所说：不了解少数民族，就不了解中华民族；不了解边疆，就不了解中国。1983年中国社会科学院中国边疆史地研究中心建立后，特别是 1990 年以来，一直将边疆调研作为学科研究的重点之一。

　　2004 年，中国边疆史地研究中心承担国家哲学与社会科学基金特别项目"新疆历史与现状综合研究"（简称"新疆项目"）。2006 年，中国边疆史地研究中心牵头，立项开展"当代中国边疆·民族地区典型百村调查"（简称"百村调查"），作为此特别项目的子课题。"百村调查"以新疆为重点，在全国新疆、西藏、内蒙、宁夏、广西五个民族自治区和云南、吉林、黑龙江三省基层地区同时开展，共调查 100 个边疆基层村落。调查工作在"新疆项目"领导小组和专家委员会指导下，由"百村调查"专家委员会暨编委会组织实施。在中国边疆史地研究中心主持拟定的调查大纲框架下，发挥每个省区的优势，体现各自的特色。

本项目的实施得到了边疆地区各级地方党政部门的支持。首先，调查工作注意与地方党政部门的相关工作衔接、听取意见，在实施调查之前，主动向各级党政部门汇报情况，听取指示和意见。其次，调查组主动让各级党政部门了解调研的全过程，在调研过程中出现问题时及时向相关党政部门请示。再次，调研阶段成果和最终成果的副本同时提供地方党政部门参考。

"百村调查"的调研主题是：改革开放30年来中国边疆基层村落的民族社会和经济发展的历史与现状。具体内容包括：乡村概况、基层组织、经济发展、社会生活、民族、宗教、文教卫生、民俗风情等。项目调研的时间是：2007～2008年（资料下限至2007年底或适当延长）。

"百村调查"的调研对象为：100个具有典型意义与特色的中国边疆基层村落。课题以基层乡、村两级为调查基点，大致每个省区选择2个地州，每个地州选择1～2个县，每个县选择2个乡，每个乡选择2个村。新疆共调查22个村，其他地区均为13个村（辽宁、吉林、黑龙江以东北边疆为单元，共调查13个村）。调查点的选择要求：

（1）本地区社会稳定与经济发展中具有典型意义的基层乡和村。

（2）存在边疆现实政治、社会或经济发展的热点、难点问题。

（3）与20世纪50年代全国边疆民族调查能有一定的衔接。

"百村调查"采取学术调查与现实政治相结合的方法，以社会人类学入村入户调研方法为主，同时关注现实政治、社会与经济发展中的热点、难点问题：一般共性调查与专题专访调查相结合，在一般综合性调查的基础上，选择好专访或专题调研的"切入点"——总结经验与完善不足相结合，在总结各项工作经验的同时，善于发现问题和提出解决问题的对策与建议。调研注重入户访谈和小范围座谈的专访调查。在一般性问卷和统计资料收集的基础上，注重对基层干部、群众典型、教师、宗教人士等特定人员的专题访谈，倾听和收集他们对基层社会稳定与经济发展的看法、意见和建议，形成能说明问题的专访或专题调研报告。

"百村调查"的成果形式分为调查综合报告与专题报告两大类。

（1）调查综合报告：依据大纲规定，撰写有关乡村经济社会等发展状况的综合报告，课题结项后分期公开出版。专题报告及调查资料可以公开发表的，在篇幅允许的情况下，作为附录附在综合报告末尾。

（2）专题报告：内容较敏感、不适宜公开出版的专题报告，集成《专题报告集》，内部刊印。

"百村调查"主编　厉声　谨识

2009年8月25日

目录
CONTENTS

图目录
FIGURE CONTENTS

表目录
TABLE CONTENTS

序言
FOREWORD

　　"当代中国边疆·民族地区基层社会与经济发展典型调研"是中国社会科学院中国边疆史地研究中心主持的国家社会科学基金特别项目"新疆历史与现状综合研究"的子课题，这项课题调查的范围包括新疆、西藏、内蒙古、广西、云南、吉林、黑龙江7个边疆省区及宁夏民族地区。2006年12月，课题在北京正式启动。课题组（以后称丛书编委会）在这次会议上决定，在上述地区选择具有典型意义的100个村落开展调查，因此，这项课题又称"当代中国边疆·民族地区典型百村调查"（简称"百村调查"）。作为会议的重要内容之一，这次会议还决定了各个地区调查村落的数目，新疆作为这次大型调查活动的重点区域，分配了22个村的调查任务，其他地区均为13个村（后来有所调整，吉林省与黑龙江省共调查了13个村）。

一　新疆作为重点调查区域的原因与选点的基本思路

　　新疆地区之所以作为这次调查的重点区域，除了该课题是"新疆历史与现状综合研究"的子课题，理所当然应以新疆为重点之外，还有深刻的客观原因。

1

第一，新疆是中国行政面积最大的边疆省区，全疆共有160多万平方公里。新疆"三山夹二盆"（北为阿尔泰山脉、中有天山山脉、南为昆仑山脉，前两山夹准噶尔盆地，后两山夹塔里木盆地），自然地理环境独特，天山居中将新疆分为南北两部分，俗称南疆、北疆；东部哈密、吐鲁番等地俗称东疆。南疆、北疆、东疆鼎足而三，调查点要覆盖这些地区，村落的数目自然要比其他地区多。

第二，新疆是中国国境线最长、接壤国家最多的省区。新疆从东北到西南与蒙古国、俄罗斯联邦、哈萨克斯坦共和国、吉尔吉斯斯坦共和国、塔吉克斯坦共和国、阿富汗共和国、巴基斯坦共和国、印度共和国8个国家接壤，国界线长达5600多公里。国界线长意味着边境村镇众多，接壤国家多意味着国际关系复杂。改革开放以来，新疆作为中国对外开放的窗口和前沿阵地，制定了"全方位开放，向西倾斜，外引内联，东联西出"发展外向型经济的方针。2001年6月，中、俄、哈、吉、塔、乌六国成立上海合作组织。该组织刚开始主要进行军事和安全领域的合作，2006年发展到11个成员国和观察员国，合作范围扩展到政治、安全、经济与人文各个领域，新疆连接欧亚大陆桥的桥头堡的作用更加凸显。新疆的这种地理环境和形势格局，势必深刻影响到本地区的各个层面。本次调查以"边疆基层地区"为主题，调查内容不仅涉及新疆基层地区的经济社会发展状况，而且涉及对外交流状况、边境安全问题、边境村生产生活的现状，甚至跨国婚姻、跨境民族（新疆在边疆省区中跨国、跨境民族最多），等等，内容相当广泛。

第三，新疆是少数民族最多的省区之一。全疆有47个民族（据说近年来又有所增加，达到 50 多个），其中 13 个民族是世居民族，分别是维吾尔族、汉族、哈萨克族、回族、蒙古族、柯尔克孜族、锡伯族、塔吉克族、乌孜别克族、满族、达斡尔族、塔塔尔族和俄罗斯族。维吾尔族是新疆的主体民族。本次调研虽然不以少数民族为主题，而以"边疆村落"为主旨，但是新疆的社会人口结构，以及本课题所要求的"典型性"，都决定了调查点必须考虑各民族的分布、各民族不同生产方式和生活习俗对社会经济的影响、各民族之间的关系等问题，以便于更清晰地反映新疆基层地区的现实状况。

第四，新疆是唯一现存生产建设兵团的边疆省区。屯垦戍边，开发边疆，巩固边防，是中国传统的治国方略。早在 1949 年 10 月，中央即开始筹备建立新疆军区生产建设兵团，1954 年建成正规化的兵团国营农场，其后其他边疆地区如广西、云南、内蒙古、黑龙江、西藏也都陆续建立了生产建设兵团（或生产建设师）。兵团在维护边疆社会稳定、建设和保卫边疆、维护国家统一和安全方面发挥了重要的作用。但是，"文化大革命"期间兵团生产遭到了严重破坏，1975 年，中央决定撤销新疆建设兵团，以后其他地区生产建设兵团（建设师）也陆续进行了改制。1981 年，由于形势发展的需要，新疆生产建设兵团得以恢复。新疆生产建设兵团有一套自己的管理体制和系统，与地方的管理体制和系统不同，在改革开放的形势下，新疆生产建设兵团的经济社会发展状况如何，基层连队的生产生活状况如何，其与地方基层村落的关系如何，也是我们必须关注的问题。

第五，新疆自然条件相对恶劣。新疆是典型的干旱气候区，降水稀少，导致新疆的地表资源非常有限。在新疆的地表资源中，60%是荒漠化土地（全国荒漠化土地面积332.7万平方公里），耕地面积为4万平方公里，仅占新疆土地面积的2.5%；可用草地面积为47.09万平方公里，占新疆土地面积的28%；森林覆盖率为2.1%，居全国倒数第二位（全国平均覆盖率为16.55%）；总水量为691.3亿立方米，属于严重缺水的地区；适合人类居住的面积为14.76万平方公里，占新疆土地面积的8.89%，而新疆总人口为2010万人（2005年）。在地表资源如此贫乏的土地上发展农牧渔业，养活如此多的人，实属不易。在近30年的发展过程中，新疆与东部沿海地区及内地经济发展差距日益增大，尤其是南疆维吾尔族聚居的农村贫困问题还十分严重。如何克服地表资源的不足，发展农林牧渔业，缩小与全国其他地区的差别，搞好扶贫开发工作，也是我们调查工作不能回避的问题。

另外，新疆宗教状况复杂，有些地区民族关系较为复杂，"东突"分裂势力一直没有放弃分裂的企图，"三股势力"与国际恐怖势力关系甚密，近年来贩毒、艾滋病问题较为严重，这些都是新疆比较特殊的地方，也是新疆备受国际、国内关注的原因。因此，在新疆进行全面调研，任务十分艰巨。

以上是新疆何以成为这项大型调查工作重点的原因，实际上，这些原因就是新疆的基本特点，也是我们安排布置22个调查点的基本出发点。我们正是根据这些基本特点来梳理这次调查的基本思路，力图将这些基本特点反映在本次调查工作之中。当然，选择调查点还要考虑以下三个因素：（1）在本地区的社会稳定与经济发展中具有典型意义的基层乡村；（2）存在边疆现实政治、经济、社会发展热点、难点问题的基层乡村；（3）能与20世纪50年代全国边疆民族调查有一定衔接的基层乡村。

二　新疆22个调查点（村）的具体安排情况

按照丛书编委会的要求，选择调查点以基层乡村为基点，原则上一个县选择2个乡，一个乡选择2个村。新疆共有22个村，总体上应选择11个乡。我们在充分调研的基础上，按南疆、北疆、东疆三大区域分配，将这11个乡安排在5地州、6县之中。具体安排如下。

南疆地区：

1. 和田地区墨玉县

（1）扎瓦乡：①夏合勒克村（20世纪50年代初、80年代、90年代进行过调查）；②依格斯艾日克村。

（2）喀尔赛乡（与47团相邻）：①阿塔村；②喀尔墩村。

2. 阿克苏地区库车县

（1）比西巴格乡（20世纪50年代进行过调查）：①格达库勒村（民汉混居村，2005年进行过调查）；②科克提坎村（扶贫重点村，20世纪50年代中期、2005年进行过调查）。

（2）牙哈乡（距塔里木油田较近）：①守努提一村；②阿合布亚村。

3. 乌什县

牙满苏柯尔克孜民族乡：尤卡特村（与吉尔吉斯斯坦共和国相邻）。

北疆地区：

4. 伊犁地区霍城县

（1）清水河镇（20世纪50年代进行过调查，粮食生产为主，汉、回、维吾尔族为主）：①二宫村；②西卡子村。

（2）三宫回族乡（回、东乡族为主）：①上三宫村；②下三宫村。

（3）新疆生产建设兵团农四师61团农二连。

5. 阿勒泰地区布尔津县

（1）杜来提乡（1972年进行过调查，属"2817"工程区域，农牧业结合）：①哈拉塔尔村；②阿合达木村。

（2）冲乎尔乡（哈萨克、蒙古、汉、东乡等多民族聚居）：①奇巴尔托布勒克村；②布拉乃村。

东疆地区：

6. 哈密地区巴里坤哈萨克自治县

（1）石人子乡：①石人子村（汉，农业为主）；②韩家庄子村（汉、蒙古、哈萨克族为主，牧业为主）。

（2）沙尔乔克乡：苏吉东村。

（3）花园乡：花园子村（农业为主）。

下面有必要说明我们选择这6个县的主要理由。

（1）墨玉县、库车县、霍城县、巴里坤哈萨克自治县这4个县20世纪50年代皆曾做过调查；而布尔津县、乌什县，以及霍城县、巴里坤县这4个县又均为边境县。

（2）南疆的墨玉县和库车县，均以维吾尔族为主，分别代表着传统农业经济占主导地位和现代工业迅速发展的两种类型，目前又都是社会局势较为复杂的区域。

（3）北疆的霍城县是原伊犁地区的大县，邻近边境，霍尔果斯口岸即在该县，多民族人口杂居，社会局势相对复杂。近年由江苏无锡市一批援疆干部担任县的主要领导，成为东西部协调发展的一个典型。北疆的布尔津县在20世纪80年代末实施了由联合国粮食计划署资助的"2817"项目，1000多户牧民因此定居。追踪调查该县牧民定居后的生活状况及经济发展情况，探讨牧民发展之路，很有必要。

（4）东疆的巴里坤哈萨克自治县，亦为多民族聚居区，汉族文化影响较大，在东疆有一定的代表性。

（5）新疆社会科学院的研究人员对这6个县均进行过多次不同主题的调查，情况较为熟悉。

从上述安排我们也可以看到，这6县中的11乡、22村（点）也同样具有各自的特点和典型意义，这里有南疆维吾尔族农业村、北疆哈萨克族为主牧业村、多民族和谐聚居村、石油工业带动发展村、旅游业促进发展村、特色产业发展村、边境贸易民族村、边境生产建设兵团连队、兵地密切互助村，南疆扶贫开发村、联合国项目资助新建村，等等，这些村（点）可以从不同侧面，集中反映新疆农牧区的基本情况和主要问题。

三 新疆课题组构成及调查方法与进展状况

本项目新疆方面的课题主持人是新疆社会科学院的马品彦研究员、中国边疆史地研究中心的李方研究员和许建英副研究员。课题主持人主要负责课题设计的指导规划、调查工作的组织实施、调查报告的内容审查，以及出版工作的组织协调等工作。

课题组成员主要由新疆社会科学院的研究人员和新疆

大学的教师组成。课题组共分 5 个调查小组,其中新疆社会科学院有 4 个调查小组,新疆大学有 1 个调查小组。每个调查小组各有 4~5 名调查员,其中少数民族、汉族成员若干。调查组成员的要求是:(1)有田野调查的经验;(2)工作负责,吃苦耐劳,有协作意识;(3)能够独立完成村级报告的写作。每个调查小组有组长一人,全面负责调查小组的具体工作。调查小组组长是本次调查工作的关键人物。

各调查小组的具体分工是:孟楠教授负责南疆和田地区墨玉县;王磊组长负责南疆阿克苏地区库车县、乌什县;李晓霞组长负责北疆伊犁地区霍城县;石岚组长负责北疆阿勒泰地区布尔津县;苏成组长负责东疆巴里坤哈萨克自治县。

我们这次调查工作主要采取的是社会学、人类学、民族学的基层调查方法,通过入户访谈、问卷调查、会议座谈,收集县乡村各级政府、自治组织的文献材料,拍摄各种图像资料,以专访、专题调研为"切入点",在一般性问卷和统计资料收集的基础上,注重对基层干部、群众典型、教师、宗教人士等特定人员的专题访谈,倾听和收集他们对基层社会稳定与经济发展的看法、意见和建议,在此基础上形成能说明问题的专访或专题调研报告。同时,将一般共性调查与专题专访调查结合起来,进行全面深入的分析研究。

具体工作可分为四个阶段。

第一阶段:前期准备工作。(1)按照丛书编委会提供的样板和要求,设计调查方案、调查问卷及访谈提纲,组织调查小组组长在巴里坤县一个点进行试调查,在此基础上修改调查方案；（2）将调查问卷、访谈提纲分别翻译成维吾尔文、哈萨克文；（3）调查成员研读所负责县乡的现有相关资料；（4）培训所有调查人员，内容包括调查方案的解析、调查方法及注意事项、访谈提纲和调查问卷的详细说明，试填调查问卷，分配各调查组成员的调查写作任务；（5）与调查县联系调查事宜；等等。

第二阶段：各小组分别下县乡村实地调查，在县、乡召开座谈会，入村入户进行访谈，收集文字资料，拍摄图像，对调查点及所在县乡形成初步认识。

第三阶段：整理、分析、研究收集到的材料和数据，深化对调查点的认识，撰写调查报告。

第四阶段：按照新疆分卷主持人和丛书编委会的要求，补充材料，修改、完善调查报告。

四　本次基层调查活动的评估和预期

"当代中国边疆·民族地区典型百村调查"是中国首次以"边疆基层村落"为主题进行的大型调查活动，这项调查活动在新疆也是仅见的，因此，无论从学术价值，还是从现实价值而言，这项调查工作的意义都是重大的。这里我们有必要回顾一下中华人民共和国成立以来在新疆开展的各次调查活动，在比较中明确本次调查活动的意义。

中华人民共和国成立后，国家对新疆少数民族的调查研究非常重视。从1952年起，国家曾组织众多专家学者在新疆进行大规模的社会历史调查。路径是先调查各少数民族的社会生产力、社会所有制和阶级情况，然后搜集历史发展资料和风俗习惯，进而对各民族历史做系统研究。这次对少数民族社会历史的调查参与人数之多、调查地域之广、撰写资料之丰富，都是前所未有的。调查人员不辞辛苦地做了大量调查笔记，搜集了各种文献资料。根据这次调查和文献研究，出版了"民族问题五种丛书"及大量的调查报告。调查报告主要收集于《新疆农村社会》（上、下册）、《新疆牧区社会》两本文集中，从而为新疆开展民族识别，推行民族区域自治制度，推动民主改革和社会主义改造，制定各项民族政策，发展少数民族地区的经济文化和各项事业，加强民族研究工作，提供了科学的依据和丰富的材料。但是，这次调查以少数民族为重点，不是以边疆基层为主题。另外，规定要为政治服务，许多值得调查的问题如传统文化等，都不同程度地被忽视了，这是这次调查活动的主要不足。

此后对于新疆基层社会的调查研究时断时续，覆盖区域或涉及内容均十分有限。如1972年新疆民族研究所对阿勒泰地区的阿勒泰市、哈巴河县、布尔津县进行牧区社会调查，发表了《解放前阿勒泰哈萨克牧区社会》调查报告；20世纪80年代后期新疆社会科学院与新疆大学在南疆莎车县和墨玉县进行"新疆开发与民族问题研究"课题的调查，出版了《南疆脱贫问题社会学调查》；20世纪80年代末在库车县进行国情调查，出版了《国情丛书·库车卷》；20世纪90年代中国社会科学院民族研究所组织"中国少数民族现状与发展调查"，出版了《富蕴县·哈萨克族卷》、《墨玉县·维吾尔族卷》；2002年云南大学组织研究人员分别对新疆维吾尔、哈萨克、柯尔克孜、塔吉克、乌孜别克、塔塔尔、俄罗斯7个少数民族较为集中的村寨进行选点调查，出

版了《中国民族村寨调查丛书》7 本；2005～2006 年新疆
社会科学院民族研究所对库车县、察布查尔锡伯自治县进
行调查；等等。这些调查仍然以少数民族为主要调查对象，
或就某一专题而设计，或着眼于某一局部地区，对于边疆
问题基本未涉及或涉及得较少。国外更无有关边疆的调查
和相关研究。

　　中华人民共和国成立尤其是改革开放以来，新疆发生
了巨大的变化，同时出现了不少新的现象和新的问题，在
这样的情况下，全面、深入调查研究新疆基层地区情况和
新疆出现的新现象、新问题，就成为边疆工作者义不容辞
的责任。中国边疆史地研究中心作为国家级专门研究边疆
的学术机构，以高度的社会责任感和敏锐的职业嗅觉，认
识到边疆基层调研的重要性和迫切性，从而设计了这个大
型课题。生活、工作在新疆的边疆工作者对这个课题当然
也十分感兴趣，从而有了这一次的合作。本课题的实施，
预期将对党和政府制定相关政策，国人探讨新疆基层发展
道路，学者研究边疆社会、经济、民族、文化等问题，发
挥重要的作用。

　　这次调查工作总体来说是比较圆满的。这是因为，虽
然每位调查工作者了解的情况有多有少，认识的程度有深
有浅，理论水平有高有低，表达能力有强有弱，但是，参
与这项工作的每位同志都是以认真负责的态度对待这项工
作的，这就为这项工作的圆满完成打下了坚实的基础。此
其一。中国边疆史地研究中心在设计调研提纲时，对调查
的内容做了较为详细的规定，举凡乡村概况、基层组织、
经济发展、社会生活、民族、宗教、文教卫生、民俗风情

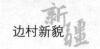

都规定有专门章节论述（也允许有地方特色的章节），并规定必须到当地获取第一手资料，以亲眼所见和调查问卷、座谈访谈等方式，结合文献书面材料，综合分析研究，以保证内容的完整性、信息的可靠性和结论的可信性。此其二。在选择调查点和前期准备工作及人员安排方面，新疆课题组都做了精心的安排，以确保调查点具有典型性，调查撰写工作具有实效性，从而以点带面，较全面地反映新疆村落经济社会发展的基本状况。此其三。如前所述，此前尚无从"边疆基层"这个角度进行调查的活动，因此，这次调查工作具有开创性的意义。从开创性这个层面来看，这个工作无论如何都是有贡献的。此其四。当然，由于新疆地域广大，路途遥远，我们下去调查工作的次数不多，下到基层的时间亦不长，对基层的认识或许有所不足；且由于参加调查撰写的作者众多，水平不一，成果质量参差不齐，甚至可能出现一些错讹。在此，作为丛书新疆卷的主编，我们代表相关作者表示歉意，并恳请广大读者和专家批评指正。

　　这次调查的一本本调查报告，就像一个个坐标，将把新疆基层村落发展的状况定格在瞬息万变的历史发展阶段之中，留下永恒的记忆；又像一把把钥匙，将把新疆基层村落的发展引向无穷无尽的未来，成为新的历史阶段的新起点。这是我们对这次调查活动的评估，也是我们对这次调查工作效果的预期。确实与否，有待读者的评价。

马品彦　李　方

2009 年 8 月 22 日

第一章　概述

第一节　县乡概况

一　调查区域

确定布尔津县作为一个调查区域，是因为那里有"2817"项目工程，也由于那里近年来成为全疆乃至全国的旅游强县。我们希望通过这次调查，能够反映大型项目和新型经济发展模式给中国西部偏远地区带来的变化。

当然，仅以县为单位实施调查工作是远远不够的。作为一个农牧民集中居住的社区，并与其他类似单位相隔一定距离，村庄往往是一个由各种形式的社会活动组成的群体，具有其特定的名称，而且是一个为人们所公认的事实上的社会单位①。我们以村为研究单位，是因为村是实际存在职能的单位。我们研究的目的在于了解人民当前的生活状况。但这里并不是说村是一个自给自足的经济单位，而是与其他群体之间有着紧密联系的。这种小范围的深入实地的调查，是对当前中国农村问题宏观研究的一种重要补

① 费孝通：《江南农村生活及其变迁》，敦煌文艺出版社，1997，第11页。

1

充。在少数民族聚居区,这种实地调查更显重要,并将有助于我们进一步了解少数民族地区传统地域经济和新的经济方式对人们日常生活的影响。

在实地调查的基础上,我们将力争对调查到的具体情况和形势进行准确阐述和分析,从而实现我们此次调查的基本目的。

本书反映的是新疆布尔津县杜来提乡哈拉塔尔村的调查成果。该村靠近县、乡驻地,历史悠久,但也在当前新形势下面临新的难题。

二 布尔津县概况[①]

布尔津县位于阿勒泰山脉南麓、准噶尔盆地以北,是阿勒泰地区西三县的交通中心。县城与首府乌鲁木齐市直线距离 420 公里,交通线长 620 公里。全县辖 6 乡、1 镇、63 个行政村,总面积 10540 平方公里,总人口 6.8 万人,由哈萨克、汉、回、蒙古等 21 个民族组成。

(一) 地理位置与交通

布尔津县隶属伊犁哈萨克自治州阿勒泰地区,地处中华人民共和国版图"鸡尾"最高点,在阿尔泰山脉西南麓、准噶尔盆地北缘。东经 86°25′~88°06′,北纬 47°22′~49°11′,北部是阿尔泰山的最高点友谊峰,同俄罗斯、蒙古共和国、哈萨克斯坦共和国接壤,是新疆与俄罗斯有共同边界并可开辟中俄直接通商口岸的仅有县市。东临阿勒泰市,西接哈巴河县,南与吉木乃县为邻。南北长约 200 公里,东西宽

---

① 本部分内容参考布尔津县政府网站公布信息。

49~82 公里，中距自治区首府乌鲁木齐市 620 公里，距阿勒泰市 120 公里。呈葫芦形，总面积 10540.3 平方公里。

布尔津县交通发达，历史上曾经使用过水路运输，目前主要对外交通方式为陆路和航空。重要的陆路交通线路包括向东经国道 217 线到阿勒泰、省道 319 线到北屯，再经过国道 216 线到达乌鲁木齐，或向南经过克拉玛依、乌奎高速抵达乌鲁木齐。2007 年随着旅游业的持续旺盛发展，连接乌鲁木齐—阿勒泰—哈纳斯的空中航线也正式开通。经过各级政府和交通部门的努力，全县现公路通车总里程已达 460.93 公里，公路网密度达到 4.4 公里/百平方公里。公路质量有了较大提高，等级公路的比重达到 63.8%，其中四级及四级以上公路里程达到 460.93 公里。农村公路通达深度有了进一步提高，100% 的乡通油路，54.1% 的村通公路，公路建设工程质量明显提高。"中俄直达运输走廊"（喀纳斯口岸公路）已列入自治区"十一五"开工重大项目之一——奎北铁路也于 2007 年开工。

（二）气候特征

布尔津县属北温带寒凉区大陆性气候，其特点是气候寒冷，春季干旱升温快，秋季降温快，冬季严寒而漫长，夏季短少炎热，多风少雨，蒸发强烈，年际变化大，光照充足，昼夜温差大，其趋势是东西差别小，南北变化大。由于境内高低悬殊，随着海拔增高自南向北逐渐变冷。大致分为 4 个一级区：（1）北部寒冷湿润高中山区，海拔 1300 米以上，年平均气温 1℃~4℃，无四季之分，没有明显无霜期，年降水量 400~600 毫米；（2）中部丘陵盆地冷凉半干旱区，海拔 650~1300 米，年平均气温 -1℃~3℃，

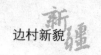

年降水量 200~400 毫米；（3）温凉干旱平原区，海拔 650~454 米，年平均气温 4℃ 左右，年降水量 120~200 毫米；（4）南部干旱区，海拔 470~1588 米，年平均气温 3℃~4℃，年降水量 200 毫米。

（三）资源概况

（1）旅游资源。布尔津县旅游资源得天独厚，开发潜力巨大，共有旅游资源 32 处，分属六大类、20 个基本类型，占全疆 56 个基本类型的 35.7%。特别是享誉国内外的喀纳斯自然保护区，就在布尔津县境内。它是新疆最具特色的自然景观区之一，列新疆五大景观之首，是西伯利亚泰加林在中国唯一的延伸带，是中国唯一的古北界欧洲—西伯利亚动植物分布区，是中国唯一的北冰洋水系——额尔齐斯河最大支流布尔津河的发源地，是中国蒙古族图瓦人唯一的聚居地，是中国唯一位于四国交界处的自然保护区，也是人类农耕文明之前游牧文化的活博物馆，具有极高的旅游观赏、科学考察和历史文化价值，堪称"中国一绝，世界一流"。

（2）土地资源。布尔津县幅员辽阔，林茂草盛，山区面积约占总面积的 4/5，有宜农荒地 190 万亩，现有耕地面积 32.5 万亩，草原面积 1227 万亩，天然夏牧场最高载畜量可达 135 万头（只）；天然林、人工造林面积 221.8 万亩，森林覆盖率达 20% 以上，是新疆有名的"森林大县"；农田林网化面积占耕地面积的 15.7%。

（3）矿产资源。布尔津县矿富品高，已探明的矿藏有铅、锌、铜、白云母、滑石粉、石灰石等 36 种，地质储量大多在百万吨以上，尚未大规模开发。

（4）水利资源。布尔津县水资源丰富，其中湖泊有喀纳斯湖、托库木特湖、阿克库勒湖等大小湖泊319个，各类冰川210条，覆盖面积209.51平方公里。地面径流主要有额尔齐斯河、布尔津河、海流滩河等，全县水域面积92.75平方公里。布尔津河全长286公里，年径流量42.73亿立方米。额尔齐斯河流经县域80.5公里，年径流量31.8亿立方米，水能蕴藏170.48万千瓦，目前用于灌溉、发电的年引水径流仅6.36亿立方米，是新疆著名的"富水县"。

（5）光热资源。布尔津县属大陆性北温带寒凉气候区，其特点是夏季干热，冬季严寒，降水量小，蒸发量大，昼夜温差大，光照充足，全年多季风。年平均气温4.1℃，年平均降水量118.7毫米，全年平均日照2936.3小时，无霜期130天，年平均风速4.8米/秒，全年大于3米/秒的风速出现率为67%，丰富的风能资源使全年可利用的风力达5617小时。

（6）生物资源。布尔津县野生动植物资源极其丰富。已知植物有83类、298属、798种，有冬虫草、赤灵芝、麻黄、党参等各种名贵药材300余种。动物资源有驼鹿、豹、大头羊、北山羊、白天鹅、马鹿等珍稀鸟兽160余种；鱼类有鲟鱼、哲罗鲑、长颌白鲑、细鳞鲑、北极鲷、西伯利亚齿鳊等多种冷水性淡水鱼。其中喀纳斯发育着210条保存完整的第四纪冰川，生长着798种植物、39种兽类、4种两栖爬行类动物、117种鸟类；有27种动物，如雪豹、棕熊、雪兔等被列入国家级重点保护对象。阿勒泰林蛙、极北蛇、胎生蜥蜴等在国内仅产于喀纳斯。

（7）物产资源。布尔津县是以牧为主、农牧结合的县，主要农作物有黄豆、小麦、玉米、油葵、甜菜、瓜果蔬菜等，特别是大豆、花芸豆以其品高质优深受客商喜爱；畜牧业以饲养牛、羊、马、骆驼为主；工业主要有电力、建材、矿产、酿酒等；土特产品有马奶、奶酒、蜂蜜、奶酪、地毯、手工艺制品等。

（四）布尔津县行政区划

布尔津县辖六乡一镇，即杜来提乡、阔斯特克乡、冲乎尔乡、窝依莫克乡、也格孜托别乡、禾木哈纳斯乡和布尔津镇，共有 63 个行政村。县人民政府设在布尔津镇。由于旅游业的发展，禾木哈纳斯乡目前已经收归阿勒泰地区哈纳斯管理委员会，但很多相关行政性事务，包括人大和政协会议、学校教育和管理、医疗卫生保健等，都依然由布尔津县统一管理。

（五）布尔津县人口与民族

布尔津县是一个多民族聚居的边境县，2006 年全县总人口 6.7653 万人，其中少数民族人口 4.6982 万人，少数民族占总人口比重为 69%。全县有边境乡镇村民委员会 2 个。

布尔津县素有民族团结的光荣传统。早在 1982 年，该县就在自治区第一次民族团结表彰大会上被评为"民族团结先进集体"；1987 年先后被地委、行署、自治区党委、人民政府命名为"民族团结模范县"；1988 年 4 月被评为全国"民族团结模范县"；1990 年又被授予"全国民族团结先进集体"的光荣称号。

全县现有民族 21 个，主要民族为汉、哈萨克、回、维吾尔、蒙古。有 2 个人口较少民族，分别为塔塔尔族：283人；俄罗斯族：142 人。

（六）布尔津县发展概况

近年来，布尔津县牢固树立和落实科学发展观，立足县域"区位、资源、人文"优势，做大做强"旅游、畜牧、能源、大豆"四个支柱产业，全县经济和社会各项事业保持了持续快速健康发展。2008 年，完成生产总值 9. 15 亿元，同比增长 9.1%；完成地方财政收入 7750 万元，同比增长 41%；完成乡及乡以上工业增加值 9007 万元，同比增长 7.2%；农牧民人均纯收入 4682 元，比上年净增 372 元。先后获得中国旅游强县、国家园林县城、国家卫生县城、全国文物工作先进县、国家食品安全示范县、中国绿色名县、全国环保领域最高奖——"中华宝钢环境奖"、"中国人居环境范例奖"和自治区城乡抗震安居先进县、自治区文明县城等荣誉称号。

围绕得天独厚的旅游资源，按照中央政治局委员、自治区党委书记王乐泉同志"把喀纳斯作为全疆旅游业的龙头加快发展"的指示精神，不断加大旅游基础设施投入，五年累计投入资金 10 个多亿，使景区内的电力、通信、交通、环卫等旅游综合服务设施得到较大改善。围绕"众星捧月"的旅游发展思路，全面加速禾木、五彩滩、阳光沙滩、阿贡盖提草原民俗风情园等特色景点（区）的开发建设，使城镇至喀纳斯景区的"百里旅游文化长廊"构架基本形成。成功引进福建武夷山股份有限公司，完成了喀纳斯旅游公司的增资扩股，目前正积极运作公司上市。旅行社从无到有，现已发展到 8 家。宾馆餐饮业发展迅猛，2009 年全县酒店宾馆达到 104 家，其中：规模宾馆 35 家、星级宾馆 13 家。宾馆总数比 2000 年翻了 7 番，城镇接待规模达

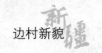

11000 张床位。2008 年，全县接待游客达到 85 万人次，实现旅游收入 6.7 亿元，分别比 2000 年翻了 4 番和 5 番。旅游业及相关产业占 GDP 比重达到 44.9%，拉动 GDP 增长 10.2 个百分点，成为县域经济发展中最具活力的优势产业。

为创造良好的旅游和投资环境，布尔津县的城镇建设围绕建设生态园林旅游城市和喀纳斯旅游"第一景"的目标，加强了人居环境建设，加大了城镇基础设施投入，实施了"绿化、美化、净化、亮化、文化"五大工程，2000年布尔津县成功创建了自治区园林县城和国家卫生县城，在自治区组织开展的城市"天山杯"竞赛活动中连续四届被授予自治区"天山杯"竞赛优秀县城称号。2004 年，布尔津县被列入全国重点小城镇建设工程。县乡公路全部实现了柏油化。农村电气化建设通过国家验收，邮政通信、广播电视发展迅猛，广播覆盖率达 96.5%，电视覆盖率达94.6%，电话普及率为 29.8 部/百人，互联网乡（镇）覆盖率达 85.71%。截至目前，乡乡接通了有线电视，开通了程控电话、移动电话和宽带业务。

为吸引区内外地客商来布尔津县投资，布尔津县本着"你发财，我发展"的原则，制定了《布尔津县关于招商引资工作的优惠政策》和《布尔津县旅游开发若干规定》，对投资者给予政策、土地、税收等多方面的优惠，营造良好的投资环境，鼓励和支持外地大公司和大企业前来投资，共同开发布尔津。目前，布尔津县已成为阿勒泰地区乃至整个北疆最具投资开发潜力的县市之一。2000 年以来，全县累计招商引资突破 10 亿人民币，屯河、陕西中粮、新水股份、香港山月、融海投资（集团）、武夷山旅游股份、新乐投资公司（温州商会）等区内外实力雄厚的企业纷纷前来投资落户，有力地带动了全县经济的快速发展。

为保护外来投资者的合法利益，布尔津县委、县政府承诺：将大力实施外向拉动战略，进一步优化投资环境，下大力气狠抓投资环境的清理整顿工作，营造一个活而不乱、竞争有序的良好投资环境。（1）坚决摒弃地方保护主义，杜绝行业垄断和不正当竞争，严厉打击制假售假、欺行霸市、偷税、漏税等违法行为，保护经营者和消费者的合法权益，努力为经济发展创造一个公平、合理的市场环境。（2）加大投入，改造完善现有基础设施，提升档次，满足投资者在土地、交通、水电、信息处理等方面的需要，为投资者提供高效便捷的服务。（3）改革审批制度，减少政府审批环节，提高工作效率，全面推行开放式办公和服务承诺，彻底清理不合理的行政、事业性收费，最大限度地简化办事程序，为外来投资者享受优质、快捷的服务扫除体制上的障碍。（4）坚持依法行政，规范行政部门的执法行为，创造良好的法制保障环境。（5）进一步加强精神文明建设，提高各族人民的思想道德素质和文明程度，改善城市软环境，提高城市知名度，在全县倡导"诚实守信、文明守法"的风尚，树立开放、创新的社会观念和意识。

（七）布尔津县社会事业发展

布尔津县的社会发展也取得优异成绩，在文化教育、医疗卫生、少数民族和妇女干部使用，以及社会福利保障等领域都有很大进步（见表1-1）。

表 1 - 1　布尔津县 2002 ~ 2006 年文化教育事业发展主要指标

年份 项目名称	2002	2003	2004	2005	2006
学校总数（所）	35	34	36	37	37
寄宿学校总数（所）	7	8	11	12	15
双语教学学校数量（所）	—	1	—	—	—
在校少数民族学生数（人）	8951	8562	8123	7709	7706
寄宿学校学生总数（人）	4774	4959	5333	5142	7208
寄宿学校寄宿生数（人）	813	910	1194	2922	2462
享受两免一补学生数（人）	4469	10440	10444	10481	10143
教育经费支出（万元）	2542	2904	3421	4340.7	5677.06
适龄入学的儿童数（万人）	0.7046	0.6516	0.5969	0.9246	0.9068
实际入学儿童数（万人）	0.7046	0.6516	0.5969	0.9246	0.9068
适龄儿童入学率（%）	100	100	100	100	100
普六完成率（%）	99.5	99.51	99.66	98	99
普九完成率（%）	94.19	94.43	94.45	98	98.8
文盲半文盲人数（人）	25	25	25	17	14
语种（个）	3	3	3	3	3
民语使用人数（人）	38649	39409	39913	41624	43008
占总人口比例（%）	60.87	60.43	60.57	62.6	63.6
双语使用人数（人）	8357	9724	11954	13065	13432
占总人口比例（%）	13.16	14.91	18.14	19.7	19.9
民语广播电视节目（套）	1	1	1	1	1
文化场所（个）	41	41	41	75	133
艺术团体（个）	1	1	1	2	2

注：以上数据来源：县政府办兴边富民材料社会发展统计表。

（八）布尔津县历史沿革

布尔津县因布尔津河而得名。"布尔津"，卫拉特蒙古语。在卫拉特语中，把三岁公骆驼称为"布尔"，"津"则为放牧者之意。当地哈萨克语还称此地为"奎干"（为汇合处之意），因布尔津河在这里汇入额尔齐斯河。

该地在西汉时期是西匈奴的游牧地。三国时期属鲜卑，隋唐时期属突厥。清朝平定准噶尔部后，布尔津一带属乌里雅苏台定边左副将军节制下的科布多参赞大臣管辖，同时这里也是阿尔泰乌梁海左翼属下的游牧地。1919年阿尔泰划归新疆省，设阿山道。同年，布尔津正式设县。

1933年，阿山道改为阿山行政区，设行政长官，同年布尔津县设县长。

1950年8月，在布尔津县城召开了首次各民族各界人民代表会议，选举产生了布尔津县人民政府。

1953年布尔津县开始建乡建政，全县划为三区12乡。

1957年成立布尔津乡公私合营第一、第二牧场。

1958年全县成立四个人民公社：星火公社、超英公社、红旗公社、卫星公社。1959年星火公社改称高潮公社，红旗公社与卫星公社合并为红旗公社。

1965年恢复布尔津镇建制。

1966年恢复第一、第二牧场建制。超英公社改称长征公社。

1969年阿勒泰专区成立革命委员会。布尔津县成立革命委员会。县属各社、场、镇都相继成立革命委员会。

1981年布尔津县镇革命委员会改称人民政府，各社、场改称管理委员会。长征公社改称窝依莫克公社，高潮公社改称杜来提公社，红旗公社改称冲乎尔公社，公司合营第一牧场改称地方国营格孜托别克牧场，公司合营第二牧场改称地方国营阔斯特克牧场。

1984年建制改革，各社、场改建为乡，设乡人民政府。生产大队改建为村，设村民委员会。城镇建居民委员会。

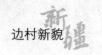

三　杜来提乡概况

哈拉塔尔村所在的杜来提乡位于布尔津县南部、布尔津河和额尔齐斯河汇合处的三角地带，东接阔斯特克乡，西部、南部与窝依莫克乡连接。

杜来提是卫拉特蒙古语，原音"吐拉特"，为灌木丛生、野兔多之意。杜来提乡下辖 11 个行政村，其中 8 个农业村，3 个牧业村，总面积 1155 平方公里，是一个以农为主、农牧结合发展的大乡。

（1）杜来提村：杜来提村分杜来提乡政府驻地片区和东部片区两块，共有 76 户，303 人。全村拥有耕地 3265 亩，人均耕地 10.8 亩。该村第三产业较为发达。

（2）阿肯齐村：位于乡政府驻地周围，共有 299 户，1054 人，其中少数民族人口占 70% 以上。全村拥有耕地 6415 亩，人均耕地 6 亩，村域经济主要依靠种植业，种植的主要农作物有花芸豆、油葵等。

（3）哈拉塔尔村：位于 217 国道以北，西距布尔津县城 9 公里，是全乡离县城最近的村。全村拥有耕地 5370 亩，人均耕地 8.4 亩，该村依托地缘优势养殖高产奶牛，向县城出售鲜奶，成为农牧民增收的新途径。

（4）草原一村：位于 217 国道以北 5 公里，西距乡政府驻地 18 公里，共有 143 户，624 人，是一个以哈萨克族为主要民族的农业村。全村拥有耕地 8236 亩，人均耕地 13 亩，主要种植黄豆。

（5）草原二村：位于 217 国道以北 4 公里，西距乡政府驻地 23 公里，共有 102 户，500 人，汉族人口占总人口的 80% 以上。拥有耕地 7030 亩，人均耕地 14 亩，是全乡较为富裕的村，1996 年被乡政府确定为"小康示范村"。

（6）草原三村：位于 217 国道以北 4 公里，西距乡政府驻地 23 公里，共有 106 户，433 人，哈萨克族人口占总人口的 90% 以上。拥有耕地 5780 亩，人均耕地 13 亩，主要种植黄豆。

（7）草原新村：位于 217 国道以北 8 公里，西距乡政府驻地 14 公里，共有 105 户，612 人，是一个以回族、汉族为主体民族的农业村。全村拥有耕地 9000 亩，人均耕地近 15 亩，黄豆是种植的主要农作物。

（8）库尔吉拉村：位于额尔齐斯河北岸，217 国道以南 15 公里，是一个以回族为主体民族的农业村，全村共有 97 户，428 人，拥有耕地 5315 亩，人均 12.4 亩，出产特色产品苜蓿籽，饲养优质高产奶牛是该村经济发展的新亮点。

（9）额尔齐斯村：位于 217 国道以南 1 公里，西距乡政府驻地 13 公里，共有 299 户，1164 人。全村拥有耕地 12016 亩，人均耕地 10.3 亩。该村牧民全部实现了定居、半定居，是一个以牧为主、农牧结合发展的乡村。

（10）沙尔铁列克村：位于 217 国道以南 7 公里，西距布尔津县城 12 公里，共有 212 户，912 人。全村拥有耕地 7885 亩，人均耕地 8.6 亩，是一个以牧为主、农牧结合发展的牧业村。

（11）阿合达木村：位于 217 国道以北 4 公里，西距乡政府驻地 13 公里处，共有 138 户，538 人，拥有耕地 5848 亩，人均耕地 10.9 亩，是一个农牧结合的村。

杜来提乡现有民族 10 个，主要为哈萨克族，占总人口的 55.58%；汉族，占 21.05%；回族，占 18.66%。其他有：东乡族，占 1.46%；维吾尔族，占 1.73%；塔塔尔族，占 1.18%；壮族，占 0.19%；撒拉族，占 0.08%；土家族，占 0.04%；蒙古族，占 0.03%（见图 1 - 1、表 1 - 2）。

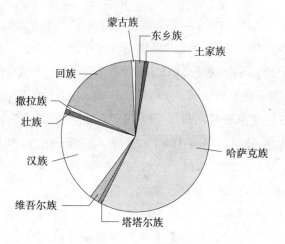

图 1 - 1 杜来提乡各民族分布情况比例

表 1 - 2 2006 年杜来提乡各民族男女人口统计数据

民　族	数　量	男	女
汉　族	1654	837	817
回　族	1466	808	658
哈萨克族	4367	2194	2173
蒙 古 族	2	2	—
维吾尔族	136	78	58
壮　族	15	8	7
撒 拉 族	6	4	2
塔塔尔族	93	49	44
土 家 族	3	2	1
东 乡 族	115	70	45
合　计	7857	4052	3805

　　注：乡农经站手工统计该乡各民族男女人口数的数据。此数据与其他材料显示略有不同，其中一个重要原因是当地村民对自己的民族识别有些模糊，导致最终登记时经常出现错误。例如在调查的哈村，我们就发现 1 户自己登记为乌孜别克族，但在政府统计材料中有登记为维吾尔族和哈萨克族两种情况，同村有 2 户被调查者自己填报为保安族，但并未看见相关内容反映，而政府的相关统计材料中可以看见的只有撒拉族、回族或东乡族。

第二节 哈拉塔尔村基本情况

一 基本情况概述

哈拉塔尔村（简称哈村）位于 217 国道以北，西距布尔津县城 9 公里，是国家级重点扶持贫困村。全村拥有土地 5370 亩，主要种植玉米、花生和大豆等农作物。

哈拉塔尔村是杜来提乡的一个农牧结合村。2006 年农业普查显示，全村有住户 158 户，639 人。村民由哈萨克族、回族、维吾尔族、汉族等 8 个民族组成，是典型的多民族聚居村。

全村有党员 22 名，团员 23 名。村"两委"班子成员 8 人，包括新当选的 3 人。全村现有牲畜 3000 头（只），自然草场 1500 亩，人均收入不足 2000 元。是全乡乃至全县的贫困村。在进村的路口，有一个布尔津县扶贫开发重点工作村的水泥牌，背面清晰地写着：2005～2007 年间，由县水利局、检察院和劳动人事局帮扶，完成一系列项目工程：2005 年实现低产田改造，投入 20 万元；2006 年渠道防渗工程 12 万元，扶贫畜（品种牛）12 万元，水毁项目 20 万元；2007 年品种牛 32 万元，异地搬迁 5.8 万元，牧民定居 18 万元。上述项目工程费用总计投入 119.8 万元。

二 外观描述

哈拉塔尔村是典型的农牧兼顾定居村落（见图 1 - 2）。村里的民房沿通乡公路两边分布，非常没有规律，更谈不上布局，这多少与村子漫长的历史有关。因为是多民族聚

居的缘故，村里的房子也显示出不同的民族特征：回族、东乡族和汉族人家房屋多为平顶建筑，条件好一些的用了水泥和砖，一般情况下土木结构多一些；哈萨克族的房子最大特点在厨房，多沿袭了游牧民对毡房的怀念，用土木结构修建成圆拱形。

图 1 - 2　哈拉塔尔村村景（摄于 2007 年 9 月 10 日）

大多数住户都有自己独立的院落，除主宅外，院落另一端一般是牧圈。中间是很大的院子，里面可以放置农业机械（见图 1 - 3）、交通工具，有些院子还能作为农作物晾晒的场所加以充分利用。

在主干道边上靠近新的村民委员会（简称村委会）的地方有个篮球场，村民们在此晾晒作物，使得这块地方得到了充分利用。

如果没有地图，很多人家的院门不大容易找得到。村里的小路有很多。一些居住在距离穿村公路稍远一些的人家就得依靠这些道路才能到达。道路一般为土路，有些十分狭小，让人怀疑是否能通过。在村的两端，还零星分布

图 1-3　生产机械（摄于 2007 年 9 月 12 日）

着一些人家。因为穿村公路是新修建的，而这里的村民住房多为很早以前建设布局形成的，因此，有些住房距离公路较远，尤其是村西有几家住户，得徒步十多分钟才能到。

村里有个排碱渠，沿村子南一直向西到穿村公路与国道交界处后，拐弯向北。渠道里的沟水味道很大，很难闻。据说近年来村里土壤碱大，造成房屋倒塌毁损严重，才重新修建了这个排碱渠。

但就在这个排碱渠向西居住着的几户人家，门前的渠道里灌溉水非常清澈，院子里农作物、果树硕果累累，各种花卉绽放，一派秋意盎然的景象。

村里人家饲养的各种动物，如火鸡、狗等，也不时进入我们的视线范围。晚霞中，村民们驱赶着牛羊归来，缓缓地行驶在穿村公路上，配上袅袅炊烟，勾勒出一幅壮美的丰收画卷，唱响牧歌优美的旋律。

三　自然条件

哈拉塔尔村属大陆性中温带气候，其特点是：夏季温

17

和，冬季严寒，冬长夏短，降水稀少，蒸发强烈，空气干燥，光照充足，气温年日差大，无霜期较短。平均气温为4.1℃；7月份气温最高，平均气温为22.4℃，极端最高气温为38℃；1月份气温最低，月平均气温为-16.4℃；极端最低气温-41.2℃。年日照时数2971小时，无霜期153天，年平均降水量180.3毫米，干旱年降水量为58.2毫米，年蒸发量1754.5毫米，随地势高度的递增，蒸发量有减少的趋势。该区多属三级风及以下风速，灌溉期平均风速为2.2米/秒。全年以东南风和西北风最多。

哈拉塔尔村水资源丰富，有额尔齐斯河和布尔津河流过。村民们最早的耕地主要就集中在河谷地。但近年来由于各种原因，村民们的农田用水出现问题。由于排碱不畅，当地的饮用水也影响着村民们的身体健康。

四　地理位置与交通状况

哈拉塔尔村是全乡距离县城最近的一个村，也是历史最悠久的村之一。这个村紧邻217国道，出县城向东走不远就能看见路边的村子。村子的北面是布尔津河河谷，延绵不断的各种树木成林，看上去蔚为壮观。整个村子位于布尔津河与217国道之间的狭窄地带上。

2006年，在乡里的支持下，由乡党群、武装党支部党员捐资雇挖掘机为哈拉塔尔村铺垫道路，解决了该村多年道路不畅的问题。从乡里向西南有一条4公里的柏油路，可以直接进入村子，并可穿村而过，大约3公里的柏油路，最后与217国道在村西口相连。这条3公里左右的柏油路两侧分布着整个村子的民居，非常散乱，看不出多少规划与设计的痕迹。由此可见，整个村子是自然形成后确立的行政村，且历史较为久远。

通柏油路后的村子交通十分方便，去县里或乡里的人可以通过自行车、汽车前往，有些去乡里读书的孩子还能步行。这种便利的地理位置也为哈拉塔尔村经济发展的模式选择提供了无可替代的条件。

五 人口与民族、宗教信仰

哈拉塔尔村的人口数量一直处于不断变化之中。随着新一轮迁徙的开始，现在的居住户数和人口数也将出现下降，但是否会再次回升不得而知。全村现有 158 户中，农业生产经营户为 154 户，占 97.47%。外来 1 户，外来户家庭人口 2 人。

哈拉塔尔村的悠久历史也决定着这里多民族的现实。该村最多的人口是哈萨克族和回族，两者合计超过全村人口的 70%。其后依次为东乡族、维吾尔族、汉族，还有部分保安族、乌孜别克族和土家族，人口都极其稀少。

> 我们村目前有 8 个民族，以前有 9 个，有一个壮族的村民走了。去年又嫁进来了一个土家族的。这 8 个民族历史上一直生活在这个村子里，大家基本是混居的，没有小聚居情况。

村民的混居状况使多民族家庭成为可能。这里的各个民族都有多民族家庭的案例，其中最多的甚至出现一个家庭由 4 个民族构成的情况。村民也并不因此而感到惊讶或不可接受，彼此相处和睦融洽。

哈拉塔尔村村民的宗教信仰以伊斯兰教为主。这里的很多人，如哈萨克族、回族、东乡族、维吾尔族、保安族、

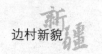

乌孜别克族等，都信仰伊斯兰教。村里的汉族等其他民族，有信仰佛教的，但并没有定期参加相关的宗教活动。更多的汉族居民则明确告诉我们，他们不信仰任何宗教，也不参加任何宗教活动。

六 社会发展状况

哈拉塔尔村的社会事业近年来也取得长足发展。该村目前已经实现通电、通路、通有线电视、通电话等，村里的各种交通工具也很多，主要还是摩托车。

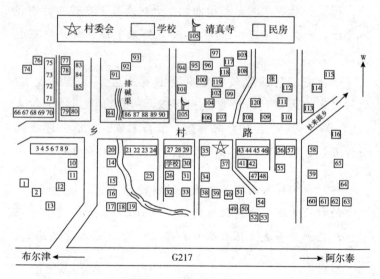

图 1-4 村庄住户分布

这个村位置处于县和乡之间，距离都不远。交通发达，土地主要是河谷地，也很肥沃。乡里主要考虑在这个村发展奶牛养殖业，这个村上 70% 的人家在卖牛奶。但没有大家一起做的大型集体项目，都是个人行为。没有人挑头。

第三节 历史追溯

一 哈拉塔尔村的来历

这个村的村名叫做哈拉塔尔，系哈萨克语，意思是"黑柳丛"，"文革"时期叫一大队。（20 世纪）80 年代搞土地承包后，开始按照当地什么东西最多来命名，1984 年开始叫哈拉塔尔。当时大概有 600 口人，200 户左右，然后还分出去了一部分，大约 30 户，100 多口人，分去了草原新村。这样的话，我们这个村还剩下 400 多口人，全部在这个河谷地居住。新迁进来的也有，不多。

从村周围情况看，由于地处河谷地带，环绕村庄的有河流和树林、灌木丛。村里的小河河水清澈，但味道不好。小河边为湿地或沼泽，踩上去有些松软。到河对面的人家只能绕行。河滩上是大面积草地，间或有几棵大树，估计水量较大时这里也是河流的一个组成部分。布尔津河位于更远处，是村里各种经济生活赖以生存的基础。这种地理环境也是造成哈拉塔尔很早就有人类集中居住痕迹的主要原因。

二 哈拉塔尔村变迁史

哈拉塔尔村是布尔津县较早成立的村之一。1951 年 8 月，县人民政府根据阿山行署指示，在冲乎尔成立临时区政府。次年正式改称一区，同年 6 月成立杜来提区和哈太区。之后以这三个区为基础，建立 12 个乡和 43 个村。哈拉塔尔乡为杜来提区的三个乡之一。1957 年 12 月，哈拉塔尔乡与杜来提乡合并为县直属乡。1958 年 10 ~ 12 月，全县实行人民公社化，将全县改编为"政社合一"的 6 个公社、1个镇。杜来提直属乡改建为高潮公社。1960 年后，公社实行一级核算、二级管理，各社下设生产队，高潮人民公社下设 8 个农牧业生产队（其中牧业队 2 个），哈拉塔尔为一大队。1984 年改变"政社合一"建制，重建乡政府，将原来的人民公社和地方国营牧场改建为乡，杜来提乡就此成立。哈拉塔尔村同时成立村民委员会。

第四节　人物访谈

个案　村里的老人、原村干部哈××

老人现年 63 岁，1960 年在杜来提邮政局工作。原来是杜来提乡的。年轻时本来打算读大学，但乡里说是要培养他为干部，不同意他去（上学得要 7 年）。老人只好同意了政府的安排。

1961 ~ 1971 年，担任大队会计。

1971 ~ 1981 年，文革时期，因为账目有问题（200元），被停职，成为普通村民。

1981 ~ 1984 年，担任小队长、会计。

1984 ~ 1991 年，担任村长，其中 1985 年通过选举担任村长。1991 年落选，但一直是大队支部委员。

1991 ~ 1998 年，大队支部委员。

1999 ~ 2000 年，支部书记。

2000 年之后退休。

全家一共 10 口人，8 个孩子。户口本上是 5 口人，有的孩子结婚嫁走了或离开了本地，也有分户的。

全家共有 12 亩地，8 个大畜，20 多只羊。主要种玉米，并以此为生。退休后没有任何工资收入。

我们支持致富政策。

调查就是要发现问题，解决问题。上面政策好，法律也健全，发展阶段也是好的。我国的政策总体是好的，这一点有目共睹，如减免农业税、减轻农民负担等，这些都是党的正确政策的体现。现在村里通了柏油路，乡村道路有很大改善（2006 年），国家在这方面花了很多钱。这也是我们所关心的。为了解决我们村的问题，今年村里有 60 余户搬迁到了新地。

这个村由 8 个民族组成，很多问题很复杂。

我当村长时进了 40 头黑白花。这种牛成本较高，但有些不适应这里的气候环境，容易生病，对气温要求也过高。这些容易导致牛奶质量不好，太稀。奶粉厂在收购前一般要检测牛奶的浓稀度。否则这种牛产奶量很高，每头牛每天至少可以产奶 10～30 公斤。如果老百姓养殖技术过关的话，这种奶牛的推广对提高我们的收入还是很有好处的。

第二章　　基层组织建设

哈拉塔尔村的基层政权建设一直是县乡两级政府关注的焦点。基层政权建设的改善，是转变该村贫困面貌、推动该村扬长避短、实现经济快速发展的基础。

第一节　村基层组织机构

我们进入哈拉塔尔村调研的时候，正赶上该村新建的村民委员会（简称村委会）办公室落成，正在进行后期装修工作。这是 2007 年杜来提乡依托自治区村级阵地建设和民族宗教事务委员会（简称民宗委）"三室"建设项目，花费 15 万~20 万元力争完成的一个重点村级办公场所建设项目。不时地能看到装修人员进进出出，进行最后的修补。在新建村委会后面的一户农家小院，我们看到了露天堆放的村委会档案柜。这些档案柜将在新村委会建成后搬进新居。尽管在院子里的地上我们看到了村卫生室的标示牌，档案柜的材料也混杂地放置在柜子中，但我们依然从中找到了一些有价值的村档案材料。这些材料为我们了解该村提供了基本轮廓。

一　村民委员会

在村委会的档案中，我们找到了哈村村委会的"两委"

班子（估计为 2005 年）名单（见表 2 – 1）。其中的哈萨克族村支书至今依旧，但村委会主任已经不再。村里接待我们的是乡里下派的干部，职务是村长助理。在"两委"班子名单中，村妇联主任古丽巴合提的名字较为熟悉。这是该村担任村委会职务时间较长，且群众影响较好、得到村民认可的一位村干部。

表 2 – 1 哈拉塔尔村"两委"班子名单（此表估计时间为 2005 年）

姓 名	族 别	文化程度	年 龄	担任职务
塔斯恒	哈萨克族	大 专	27 岁	支部书记
马付勇	回 族	高 中	39 岁	村委会主任
张尔军	汉 族	高 中	33 岁	村委会副主任
马 军	回 族	初 中	22 岁	村 会 计
古丽巴合提	哈萨克族	初 中	29 岁	村妇联主任

从这个"两委"班子名单上可以看出，村里干部的成员年龄都在 20 ~ 40 岁之间，其中最年轻的只有 22 岁。这些年轻干部的文化程度均在初中以上，其中村党支部书记塔斯恒是乡党委下派的挂职干部，大专学历，哈萨克族。这些都有利于少数民族干部的培养与工作的开展。

近年来，哈村一直因为上访多和干部变动频繁引起县乡两级政府和该村群众的重视。多年前曾经有一位县里的干部亲自下来挂职任村长。目前的"两委"班子中，村支书依然是乡里下派的干部。我们下村调研的时候，正赶上这位村支书在东边新开发区忙于为村民们建设新居。

二 村党支部

在乡里提供的材料上，我们看到哈村的党员数量还是比较多的，达到 21 人。在这份表格中，我们能找到父子关系、婆媳关系的两代党员家庭。这说明尽管村里存在着这样那样的问题，却并没有影响到村里党支部的建设和党员队伍的不断壮大。村党支部活动记录本中明确记载着，2006年哈村党支部委员会组成：书记塔斯恒；组织委员钟海；宣传委员马军；纪检委员尹军。根据党支部班子成员的具体分工，党支部书记塔斯恒主管村里的全盘工作，党支部组织委员钟海主管村里党支部日常事务，同时协助村党支部书记兼管村务，做好村档案管理工作。2007 年村党支部根据村里的实际情况制定出相应的工作计划，主要将工作重点放在以下一些方面。

（1）解决好遗留数年的搬迁问题。

（2）春耕前农牧民需要时及时协调好贷款，为广大群众解决好资金短缺问题。

（3）及时清理河固堤浇水渠。

（4）夏季牲畜管理。

（5）继续抓好村里的计生、党支部、团、综治、统战、宗教、妇委、两务公开等村内日常工作。

（6）及时做好上级交给的临时性工作。

（7）把剩余劳动力转移作为一项重要的为民谋福利的工作来做，使全村百姓在一定程度上增加收入。

坚实的党员队伍是村各项事业不断有新的发展的基石。当然，党员必须起到模范带头作用，才能赢取群众的信任和理解，也才能充分发挥党员的作用。村党支部要求村党员必须以"带头科技致富、带头遵纪守法、带头学习政治理论法规"为标准，注重发挥自己的模范带头作用。目前，全村党员、团员村干部无一人信教，无一人违法。78%的党员被评定为科技示范户或青年致富能手。2000 年哈拉塔尔村党支部被乡党委评为"先进党支部"。2004 年被布尔津县委评为"五个好"村党支部，并受到表彰。

在村档案材料中，我们看到了一份哈村党员富裕户联系贫困户的情况表（见表 2-2）。从表 2-2 中可以看出，该村党员已经将扶持村里贫困户、带领大家走共同富裕道路，当做自己作为党员的一份重要职责来看待。

表 2-2　哈拉塔尔村党员富裕户联系贫困户情况一览

党员姓名	富裕户姓　名	贫困户姓　名	贫困户家庭基本情况					贫困原因	采取措施	效果
			人口（人）	耕地（亩）	草场	牲畜（头）	其他			
马合买提	马合买提	马舍尔布	5	40		4		无劳动力	技术指导	良
钟海	钟海	唐德弟	4	35		3		无劳动力	技术指导	良
吾木尔别克	吾木尔别克	亚生江	5	10		1		无劳动力	技术指导	良
哈依沙	哈依沙	马海龙	4	8		2		地少无资金	技术指导	良

杜来提乡 2007 年基层组织工作规划与总结确定了该乡"加强村级组织阵地建设，实施'阵地固村'工程"的目标：依托自治区村级阵地建设和民宗委"三室"建设项目力争完成包括哈拉塔尔村在内的四个村级组织阵地的新建任务。通过此项工程，把村级阵地建设成为"凝聚人心、传播文明"的政治、经济、文化活动中心。同时计划完成哈拉塔尔村在内的五个远程终端接收站点建设任务。

从党员名单中（见表 2-3）我们可以发现，全村 21 名党员中年龄最大的已经 74 岁，年龄最小的 26 岁，中间有不同年龄层次的，梯队明显。在这些党员中，党龄最长的超过 47 年；最短的只有 2 年，叶斯哈孜·卡克木是一位 70 岁入党的老积极分子。党组织在村民中的影响力与号召力还是很强的。

表 2-3　哈拉塔尔村党员名单

序号	姓　名	性别	民　族	籍贯	出生日期	学　历	入党时间
1	吾木尔别克·吐尔斯别克	男	哈萨克族	新疆布尔津	1968.12.04	初中毕业	1985.07.01
2	哈德力·卡克曼	男	哈萨克族	新疆布尔津	1945.06.18	初中毕业	1991.07.01
3	哈依沙·苏英得克	男	哈萨克族	新疆布尔津	1942.03.04	小学毕业	1963.02.20
4	沙德克·亚森	男	维吾尔族	新疆布尔津	1966.06.15	普通高中毕业	1993.07.01
5	叶尔肯·叶尼亚孜	男	维吾尔族	新疆布尔津	1962.10.20	初中毕业	1985.03.26
6	巴勒塔拜·吐列吾汗	男	哈萨克族	新疆布尔津	1949.04.04	初中毕业	1973.11.20
7	达来汗·阿海	男	哈萨克族	新疆布尔津	1964.04.15	初中毕业	1989.07.01
8	阿斯力汗·哈德列	女	哈萨克族	新疆布尔津	1951.04.28	初中毕业	1992.07.01
9	叶克本·哈德斯	男	哈萨克族	新疆布尔津	1964.04.22	初中毕业	1992.07.01
10	阿合买提	男	东乡族	甘肃东乡族	1953.04.20	初中毕业	1994.01.01
11	巴哈提古丽·沙木尔汗	女	哈萨克族	新疆布尔津	1968.04.20	初中毕业	1996.07.01

序号	姓　名	性别	民　族	籍　贯	出生日期	学　历	入党时间
12	杨从林	男	回　族	宁夏海原	1955.03.20	初中毕业	1997.03.01
13	马占林	男	回　族	甘肃东乡族	1967.05.23	初中毕业	1999.01.01
14	波拉提别克·哈木哈	男	哈萨克族	新疆布尔津	1965.12.18	初中毕业	1999.01.01
15	钟海	男	汉　族	四川成都	1981.09.15	初中毕业	2000.06.26
16	叶尔木拉提·哈德力	男	哈萨克族	新疆布尔津	1971.08.05	普通高中毕业	2000.06.26
17	尹军	男	哈萨克族	新疆布尔津	1972.07.11	大学专科毕业	2000.06.26
18	叶斯哈孜·卡克木	男	哈萨克族	新疆布尔津	1935.09.06	初中毕业	2005.06.06
19	霍加布·卡各什	男	哈萨克族	新疆布尔津	1954.02.19	初中毕业	1994.01.18
20	阿米娜·木沙	女	乌孜别克族	新疆布尔津	1933.03.10	小学毕业	1960.01.01
21	切提曼·托波依	男	哈萨克族	新疆布尔津	1953.04.09	初中毕业	1992.07.01

三　村团支部

团组织是党组织的后备力量。在哈村的共青团工作手册中（见表 2 - 4），清楚地统计出全村 14～28 岁青年人 62 名，28～35 岁青年人 58 名，青年占村人口总数的 19%。团员数量 25 人，团青比例 21%。党团比例为 50%。

表2-4 哈拉塔尔村团员名单

序号	姓 名	性别	民 族	出生年月	入团时间	文化程度
1	马 丽	女	回 族	1985.8	1998	初 中
2	马 岚	女	回 族	1987.2	2000	初 中
3	马 伟	男	回 族	1986.12	1999	高 中
4	马 光	男	回 族	1987.10	2000	高 中
5	马红燕	女	回 族	1987.6	2000	高 中
6	马 燕	女	回 族	1985.2	2000	初 中
7	马 玲	女	回 族	1989	2004	初 中
8	马 军	男	回 族	1982	1997	初 中
9	马 勇	男	回 族	1985	1999	初 中
10	马玉梅	女	回 族	1982	1997	初 中
11	马玉东	男	回 族	1987	2002	初 中
12	马玉贞	女	回 族	1985	2001	初 中
13	马新军	男	回 族	1980	1997	初 中
14	马新兵	男	回 族	1983	1996	初 中
15	马小菊	女	回 族	1980	1996	初 中
16	马 丁	男	回 族	1986	2002	初 中
17	马海林	男	回 族	1983.1	2000	初 中
18	马 龙	男	回 族	1985	2001	初 中
19	祖加林	男	哈萨克族	1986	2001	初 中
20	朱马江	男	维吾尔族	1986	2002	初 中
21	成格斯	男	哈萨克族	1986	2000	初 中
22	叶尔加拿提	男	哈萨克族	1986	2000	初 中
23	阿合提	男	哈萨克族	1979.8	1988	大 专
24	唐阿提	男	哈萨克族	1979.10	1989	中 专
25	杨小青	女	回 族	1985.11	2000	高 中

个案2-1 村团支部书记叶尔加拿提访谈

初中毕业后考入乌鲁木齐市天山高专（职业高中，两年高中，两年大专）。高一（2004年）时家里经济状况不太好，不得不退学。这个学校一年收费10000多元，包括学费、住宿费、伙食费、交通费、通信费等。同学中有想出国的，在学校主要学习外语。受他们的影响，自己也学了一些外语。家里有个姐姐出去打工了。

村团支部每年举办1～2次活动，五四时村委会会给一些奖励品，如篮球、乒乓球拍等。主要的活动：冬季越野赛，村委会会拨400～500元（作为经费）。

全村团员总数占村年轻人总数的1/4。团员写入党申请书的很多。基本上年轻人都很相信党组织。

2007年哈村团支部工作计划也十分生动活泼，彰显地方特色和创造性精神。

（1）加强团的组织管理，配齐配强团干部，注重发展团员工作规范，每年推优人数不少于1人。

（2）结合保持共青团员先进性教育活动，有效开展爱国主义教育，反对民族分裂主义，加强青少年的思想政治教育。

（3）积极配合党支部、村委会工作，做好党的助手。

（4）在青年中着力推广科技知识，使他们成为哈村先进的育肥、养殖、种植大户和科技示范户。争取使全村10%的青年成为村致富能手。

（5）开展有益于青年健康成长的文体类活动，全年不少于6次。

（6）创造有效的科技文化服务场地，充分发挥青年绿化工程建设实效。

根据计划安排，2007年4月30日，村团员、党员和青年在党支部领导下，前往别斯铁列克进行新年植树活动，

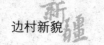
并超额完成任务。

在有效发挥积极带头作用、当好党支部副手的同时，哈村团组织还认真做好青年积极分子培养和先进青年竞赛活动。村里的团员还负责全村青年思想路线的了解和问题的解决工作，对落后青年承担起思想指导工作，以帮带进，确保全村各项事业发展的顺利有序进行。

四 村妇女组织

妇女工作也是村基层组织工作的一个重要环节。在哈村调研期间一直陪伴我们的一位村干部，就是村里的妇女委员古丽巴哈提。村民们告诉我们，她的婆婆阿米娜是前任村妇女干部，也是村里的"三老"人员之一。

妇女工作的一个核心内容是了解村上家家户户内部的事务，包括家庭和睦、计划生育、尊老爱幼、劳动致富等，几乎关系到每个家庭的方方面面。正是由于这一工作的繁杂与特殊，古丽巴哈提才与村民们建立起深厚的感情。她不但对村上各家各户的情况了如指掌，而且能随时随地与村民拉家常，询问村民最关心的一些问题。这些都保证了村民们对她的信任与爱戴。

早在 2001 年，哈村就是乡党委、乡政府评定的"计划生育先进村"。这一先进荣誉保持至今。与村里其他基层组织频繁更替的情况相比，村妇女工作一直保持着有序、连贯的发展轨迹，并在村民生活中发挥着重要作用。

五 村各类协会

村里的其他配套组织十分齐全。从档案材料中可以看出，在村党委和村委会的领导下，村里的民兵组织、党风廉政建设、纠风、环境保护、联防队、消防，甚至村里的公厕改造，都有专门的领导负责小组，明确分工，且签订了相关责任状。这种确定各类组织专职负责的办法能够确保这些组织按照党支部的总体规划和要求大胆开展工作，从而在活跃村民文化生活、维护社会稳定等方面发挥其应有的作用。

（一）村民兵组织

在村档案材料中，我们找到了该村民兵组织的成员名单（见表2-5）。

表2-5 2004年哈拉塔尔村民兵名单

姓　名	民　族	性别	备　注
马海云	回　族	男	民兵班长；非党员；初中文化；23岁
马新兵	回　族	男	民兵副队长；非党员；初中文化；21岁
马海福	回　族	男	
邓小军	回　族	男	
包振虎	回　族	男	
哈兹木	哈萨克族	男	
阿合买提江	维吾尔族	男	
穆拉提	哈萨克族	男	
阿兹恒	哈萨克族	男	
阿德尔兹	哈萨克族	男	
马　军	哈萨克族	男	
张尔军	哈萨克族	男	民兵队长、副村长；党员；中专文化；32岁

这份名单中的人员数量较多。经过几年的变化，尤其是村里人员情况的调整、村"两委"班子的变化，民兵组织也

有所变化。2007年村已经将民兵组织扩大为民兵治安队，由村支部书记亲自担任民兵队长。这个由村民组成的民间组织负责起全村的治安、消防、纠纷调解工作，是协助村党支部和村委会顺利开展其他工作的重要力量（见表2-6）。

表2-6　2007年哈拉塔尔村民兵治安队成员情况

民兵队长	塔斯恒
副　队　长	马清彪
队　　员	马新兵、马龙、马强、黑扎提、邓小军、唐尚军、马勇、胡尔班

注：其中，马清彪为专职民兵治安队员。

（二）村消防安全工作

哈村还有自己的消防安全工作小组，主要负责村里的消防安全工作。工作小组成员依然由村里的主要领导挂帅，具体为：组长塔斯恒；副组长钟海；成员有黑扎提、马军、叶尔津、马新军、朱马疆。

为使消防安全工作做得扎实，使消防安全计划落到实处，村党支部与村消防安全小组还加强了全村消防安全的宣传教育工作，提高村民的积极参与热情与消防安全意识，以及遵守消防安全法律法规的责任感。同时，村里还为消防安全配备了必要的消防器材，从设施上保障了消防安全工作的成效。通过定期总结与检查，村党支部还及时发现问题，调整部署，并对各种先进事迹适时地加以表扬宣传，这些都保障了全村消防安全工作的顺利开展。

（三）村其他组织或协会

此外，村里还有一个用水协会，能够协调村民在农业用水方面的问题，有助于提高水的利用率和村民的生产效率。

在优质奶牛养殖、特色"农家乐"和开发民族特色手工艺品如柳编等方面，哈村已经形成一定规模。相关的联合或协会组织正在积极筹划中。这种强强联手将彻底转变农村小农生产的劣势，改变无序竞争带来的损害，最大限度地发挥村民的优势，提高经济收益率。

第二节 基层组织管理

哈村村民还是十分关心村里的村委会选举的，大多数村民都认为，村委会的好坏直接关系到村民的未来发展，因此，关心村委会选举工作，也就是关心自己的未来（见表2-7）。大多数人认为，村民是决定村委会选举结果的主要因素。

表2-7 村民对参加当年村委会选举的态度调查结果统计

选项 \ 指标	人数（人）	百分比（%）
积极参加	38	73.1
参加，选谁都一样	7	13.5
不参加	5	9.6
其他	2	3.8
总　计	52	100.0

在回答担任村干部的原因的问题时，很多村民将有较强的组织领导能力放在了第一位。具体统计情况如表2-8所示。

表 2 - 8　村民对担任村干部原因的调查结果统计

选项＼指标	人数（人）	百分比（%）
上面有关系	6	11.5
家里较富裕	3	5.8
有较强的组织领导能力	29	55.8
有较强的家族势力支持	7	13.5
其他	7	13.5
总　计	52	100.0

从表 2 - 8 中可以看出，认为村干部应当具有较强组织领导能力的人有 29 位，占 52 份问卷的 55.8%，超过了一半。但其次的答案是有较强的家族势力支持和弃权。在村里访谈时我们了解到，这个哈萨克族和回族占绝对多数的村子前些年的确出现过家族成员相互支持、拉帮结派的现象，有些还有贿选嫌疑。当然，这些情况都已经成为过去。现在的村民和县、乡政府非常重视村委会选举，这也是一些村民主张外来村干部任职的重要原因。

第三节　村集体经济情况

哈村的集体经济在 2000 年以前一直是全乡最薄弱的村。为发展壮大集体经济，村委会根据乡党委、乡政府提出的"2121"工程①要求，做好示范带头工作。积极培养和扩大

---

① "2121"工程，是布尔津县根据当地实际情况，专门针对发展壮大集体经济制定的项目，其具体内容为：农业村 200 亩地 100 只羊，牧业村 200 只羊 100 亩地。

36

集体经济发展财源，拓宽增收渠道。通过完善和加强领导与管理，保障了集体经济的良性发展，形成以"田、林"为主导、科学经营、滚动发展的格局，全面推进村集体经济年收入的稳步增长。2004 年以前村里有经济田 150 亩、经济林 170 亩、经济畜 78 头，年集体经济收入 5.3 万元。2004 年发展到经济田 200 亩，集体畜 85 头，年集体经济收入 5.9 万元。当年哈村的发展壮大集体经济工作取得的突出成绩获得了布尔津县委员会和县人民政府的表彰，并获得1000 元的奖金。

2005 年布尔津县委根据自治区发展壮大集体经济研讨会精神和全县村集体经济发展实际情况，提出了第二轮发展壮大集体经济的帮扶计划。其中，哈村集体经济发展帮扶活动的负责领导为人大常委会主任米赞，牵头单位为县水利局，其他帮扶单位还有县检察院和劳动人事局。从村里的汇总材料看，2005 年村集体经济田为 171 亩，收入22140 元，其中 21 亩河谷地收承包费 3390 元；258 亩经济林收入 36120 元；85 头经济畜收入 6400 元；合计全年村集体经济总收入达到 64660 元。

2005 年以后，哈村的村集体经济得到进一步发展。最新统计资料显示，村里退耕还林 258 亩，收入 40960 元；集体田 200 亩，收入 24000 元，合计实现集体经济收入64960 元。

对于村里的生产发展状况，村民们有自己的看法。我们通过调研问卷统计结果可以看出答案（见表 2 - 9）。

对于村里的群众生活状况，村民们也有自己的选择（见表 2 - 10）。

表2-9　村民对该村生产发展状况的评价问卷调查统计

选项　　　　指标	人数（人）	百分比（%）
很　好	4	7.7
较　好	9	17.3
一　般	19	36.5
不　好	10	19.2
很不好	3	5.8
不清楚	7	13.5
总　计	52	100.0

表2-10　村民对该村群众生活状况的评价问卷调查统计

选项　　　　指标	人数（人）	百分比（%）
很　好	4	7.7
较　好	14	26.9
一　般	22	42.3
不　好	7	13.5
很不好	2	3.8
不清楚	3	5.8
总　计	52	100.0

　　从表2-9、表2-10的统计结果看，村民们对全村的生产发展与村民生活状况总体还是满意的。但持否定意见的村民也占一定数量，这说明该村的经济生产活动与村民生活的改善还有很大的工作空间，值得我们的基层建设者再接再厉。

第四节　干群关系

　　干部与群众关系是决定政府政策能否得到有效完全贯

彻落实的关键。在我们大力推进社会主义改革开放事业的进程中，老百姓对党的各项改革措施的理解在很大程度上依赖于我们干部工作的好坏。从调研的情况看，老百姓普遍认为当前党的各项政策是好的，是符合中国实际情况与发展需求的，但现在一个很大的原因就是我们的干部群众在解释和执行政策时容易出现偏差，从而引起矛盾和问题。这说明普通村民对政策的关注度还是较高，认识也较清晰，看问题也十分敏锐。

多年来对干部的依赖导致村民在出现问题时，仍然将村干部作为寻求帮助的首选。我们的调查问卷对此有所反映（见表2－11）。

表2－11　遇到困难会找谁的情况统计（多项选择）

指标 选项	生产上遇到困难		家里急需借钱		与村民发生纠纷		家庭内产生矛盾	
	人数 （人）	百分比 （％）	人数 （人）	百分比 （％）	人数 （人）	百分比 （％）	人数 （人）	百分比 （％）
村干部	29	56.9	9	17.3	36	75.0	16	39.0
亲属	12	23.5	29	55.8	2	4.2	17	41.5
邻居	9	17.6	8	15.4	3	6.3	3	7.3
朋友	3	5.9	13	25.0	2	4.2	4	4.9
村里老人	—	—	—	—	4	8.3	—	—
宗教人士	—	—	—	—	2	4.2	3	7.3
其他	缺失1		—	—	缺失4		缺失11	
合计	53	103.9	59	113.5	49	102.2	43	100.0

表2－11中还不包括有些回答不在我们的预备选项范畴内，列入其他项。例如，有的村民认为与村民发生纠纷应当及时去找派出所或公安局解决，这说明哈村村民的法制

39

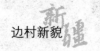

意识还是比较强的，已经可以借助法律手段解决身边的矛盾与纠纷。对于家庭内产生的矛盾纠纷，有的村民表示应当首先考虑自己家里内部解决，不应当将其拿到外面寻求别人帮助，实在无法解决的可以考虑通过法院等机构最终寻找解决途径和方案。在家里急需借钱的问题上，村民表示可以考虑通过信用社贷款解决。这样可以更好地确保资金到位并用到实处，也避免了不必要的麻烦，同时也符合当前市场经济的潮流。

从表 2-11 中可以明显看出，除了家里急需借钱这个问题外，其余三个问题的第一选择都是村干部。尤其是邻里纠纷中寻找村干部的人数高达 36 人，占回答题目总人数的 75%，占绝对多数。由此来看，村干部在解决基层社会的矛盾纠纷问题上，有着非常主动、重要、关键性的作用。这就更要求我们要把提高村干部工作水平和个人素质放在重要位置，要让村干部树立起为人民服务的主人翁思想，全心全意为人民服务。

生产中遇到困难寻找村干部的人数为 29 人，占 56.9%。这说明我们的村干部目前已经成为地方经济发展中的带头人。他们的言行和技术水平，可以为一方发展发挥决定性作用。而普通村民也会以他们的生产技术作为衡量和效仿标准，这也给我们基层村干部今后的学技术、促发展提出新的标准。

该村也出现了有问题找宗教人士的答案，主要是关于家庭内部矛盾与村里邻里纠纷问题，比例并不高，分别为 3 人和 2 人。

村民在"家里急需借钱"的问题上将更多的选择投给了亲属，占 55.8%。在这一问题上占第二位的答案依然是村干部，占 17.3%。

在这份统计数据（见表 2 - 12）中，村民对干部群众关系的认可依然占主体。认为干群关系"很好"、"较好"、"一般"的三项合计数为 61.5%，如果加上"不清楚"的放弃答案，这一比例高达 80.7%。

表 2 - 12 村民对该村干群关系状况的看法统计结果

选项 \ 指标	人数（人）	百分比（%）
很　好	5	9.6
较　好	14	26.9
一　般	13	25.0
不　好	9	17.3
很不好	1	1.9
不清楚	10	19.2
总　计	52	100.0

第五节　"三老"人员

作为一个老村，哈村村民中有工作多年的老干部，有入党多年的老党员，还有被评为自治区级劳动模范的老劳模。这些"三老"人员现如今都已经成为村里各种活动的带头人和积极支持者。

老劳模阿布开·台已 91 岁高龄，但依然不忘支持村里的教育事业和各种救灾活动，在自家致富发展的同时，也积极带动村里其他家庭走出贫困走向富裕。调查时我们了解到，老人 2006 年仅个人为其他人借出款总额就高达 20000 元。

图 2-1 "三老"人员阿米娜
（摄于 2007 年 9 月 10 日）

老党员阿米娜（见下图）已经 75 岁了，但她依然非常关心村里人的生产与生活情况。

老党员哈依沙是村里有名的致富带头人，他的先进事迹已经通过报纸、电台、电视台等多种媒体，在全自治区范围内得到很好的宣传，他本人也光荣获得自治区 2005 年"农村党员致富能手"的光荣称号。

个案 2-2 哈拉塔尔村党员致富能手哈依沙·苏英得克

哈依沙是哈拉塔尔村的普通村民，党员，现年 65 岁。由于这些年哈依沙老人在科学养畜致富和带领村民脱贫致富等方面的突出成绩，他受到村民的衷心赞誉和各级政府的表彰，并作为先进典型广为宣传。

作为村里的致富带头人，哈依沙老人知道以前那种靠力气吃饭的道理是行不通的。科技是第一生产力，必须学会科技养殖。于是他东拼西凑咬牙狠心买了电视机和 VCD 机，在农闲或遇到技术难题时，他就找来相关的电教片反复播放收看，细细琢磨怎么青贮饲料、怎么选取优良品种的家畜、怎样育肥等一系列问题。实在不明白的地方他还积极主动地虚心向县里的技术员请教。经过多年的经验积累和滚动发展，老人家里的养畜业已经初具规模，现在已经发展到羊 500 只，年出栏 200 只以上，优质奶牛 22 头，优质品种马 18 匹，每年卖牛奶、卖羊等纯收入 8 万元以上。

在自家致富的同时，老人还不忘自己遇到的各种困难，主动帮助村里人尽快尽早脱贫致富。他和村干部一起深入农户，将科学养殖的技术和好处传授给大家。在党员富裕户联系贫困户的名单上，他也位列其中。他还为缺少资金的村民借款或者提供信用社贷款担保，并为缺少技术的村民提供上门服务。正是他这种全身心投入的精神带动了村里 20 多户贫困户走出了贫困，走上富裕之路。看到整个村集体经济条件较差，他还主动给村里捐了 10 只生产牧羊，为村经济的发展提供了新鲜血液。

前些年看到村里的学校校舍破旧不堪，哈依沙老人又在村里呼吁大家共同投资重建校舍。他以身作则，把自家一头奶牛和五只羊牵到县里卖了，买回了建校急用的材料。在他的带领和发动下，村里的 8 名党员和 12 名团员也义务上阵。村里的乡亲们也为他的精神所感动，自觉行动起来，有钱的出钱，有力的出力，很快完成了新校舍的建设。

哈依沙老人十分关心村里的各种事务，家长里短也是他关注的重要方面。村里人经常为家庭内部的琐事矛盾找他，而他也不厌其烦，耐心细致地做工作。村里人家孩子读书缺钱他会主动提供帮助；村里贫困户结婚缺钱也是他主动将自家的羊、马送上，为新人今后过上好日子创造条件；村里 100 多户人家的马每年由他代牧，不收取任何费用；每逢重大节日，他都会主动组织大家开展有益于民族团结的活动，给不同民族的村民提供一个互相交流、互相沟通的机会，让各民族实现了由感情融合到共同发展的经济融合。乡领导告诉我们：老人这么做并没有特殊的目的和要求。他有的是对党矢志不渝的忠诚，对人民无私奉献的真爱，和对事业超乎寻常的执著。他把全部的智慧和毕生的心血都献给了哈拉塔尔村。他一心付出，就这么不计个人得失、不求回报地奋斗了40多年。

表2-13 哈拉塔尔村"三老"人员名单及基本情况统计

序号	姓　名	性别	族别	出生年月	参加工作时间	享受补贴时间	备　注
1	哈依沙·苏英得克	男	哈萨克族	1942.3	1961.1	1995	老党员
2	阿米娜	女	乌孜别克族	1933.3	1960.1	2002	老党员
3	尹文福（尹云符）	男	回族	1941.6	—	2001	老干部（累计担任村委会主任20年）
4	阿布开·台奇	男	哈萨克族	1916.1	—	2000	自治区级劳模

第六节　社会综合治理

哈村的社会综合治理工作一直较好，早在2001年，该村就被乡党委和乡政府评为"社会治安综合治理先进村"。本着"打击为辅，防范为主"的原则，为全面统筹安排全村治安、联防事务，切实做到防患于未然，保障村民的利益不受侵犯，村里成立了以村领导牵头的综治工作领导小组（见表2-14）。

表 2 – 14　哈拉塔尔村综合治理领导小组名单

组　　长	塔斯恒
副 组 长	钟　海
成　　员	马军、叶尔津、张文全、古丽巴合提

以平安创建为契机，该村党支部和村综合治理领导小组坚持一手抓法制宣传、一手抓打击防范的工作思路，取得明显效果。在原有村治安室的基础上，该村目前已经被上级部门批准设立了警务室，这是对村综合治理工作的一个强有力的支持，村民反映良好。村民兵组织还专门设立了一个固定民兵，全面负责村里的治安、治安隐患处理与及时汇报等工作，村联防队还定期、不定期地进行巡逻，消除了治安与消防方面的隐患。这些举措都很好地保障了村治安综合治理工作取得良好成绩。

村里的普通群众对村社会治安状况的满意度非常高。我们专门就这一问题进行了问卷调查（见表 2 – 15）。

表 2 – 15　哈拉塔尔村村民对该村社会治安状况的满意度调查

指标 选项	人数（人）	百分比（％）
很　好	21	40.4
较　好	21	40.4
一　般	6	11.5
不　好	2	3.8
不清楚	2	3.8
合　计	52	100.0

从表 2 – 15 中可以看出，村里人对村治安状况满意度颇高。回答治安状况很好和较好的共计 42 人，占被调查者总

数的 80.8%，占 4/5 强。如果加上两个放弃答案的，这一比例进一步提高到 84.3%。实际上我们在村调研访谈过程中不止一次听到村民夸赞村良好的治安综合治理状况。除了少有的偷窃牲畜行为外，村里基本没有遇到什么重大治安案件。整个村子的社会团结情况还是很好。社会治安状况也很好。当地纯朴的民风由此可见。

第七节　人才队伍建设

哈村是一个典型的多民族聚居村，那里的人才队伍建设也凸现出多民族特色。我们从村档案的各种材料中都能看到多民族群众的积极参与。这些年村里的干部也基本上包括了哈萨克族、回族、东乡族、维吾尔族、乌孜别克族等多民族成分，非常突出地体现了民族大团结的精神。

村里的妇女干部也一直是村委会的主要成员，并且相对其他村委会干部而言，妇女干部的任职比较稳定，基本没有出现变动频繁的情况。与此同时，村干部中以老带新、以挂职干部带地方村干部的情况也十分显著。

县、乡两级政府也看到了哈村的特殊情况，正着手加以治理，并已开始有所起色。

第三章　经济发展

经济发展是展示一个地区社会进步的重要标志。以牧业为主、农牧结合的经济发展为历史主线的阿勒泰地区也在改革开放之后出现了产业经济结构的调整。这可以从哈拉塔尔村经济发展的现状与成效中突出表现出来。

第一节　哈拉塔尔村经济环境与资源

一　地理经济环境

哈拉塔尔村地理位置较为优越。东西分别距离县城和乡政府所在地都不远，且紧邻 217 国道，交通便利。经过近年来"通油"、"通路"工程修整过的道路质量有很大提高，这也拉近了哈拉塔尔村与外界的联系。随着现代交通事业的发展，各种交通工具的使用和普及日益广泛，提升了哈拉塔尔村与外界的经济与社会联系。这些都为哈拉塔尔村的经济发展提供了良好的地理经济大环境。

二　自然资源

哈拉塔尔村还是各种自然资源较为丰富的地区。这里位于河谷地带，水资源丰富，十分利于农业、畜牧业生产。

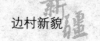

这也是该村很早就有人聚居的一个重要原因。尽管近年来随着地区范围大规模农业生产和工业化活动的展开，导致出现一定程度的用水紧张，但村子里绕房而过的溪流依然呈现给人们水草丰美的景象。这也正是村民们面对生活的重重压力依然不忍离去的重要因素。

土地资源是哈拉塔尔村的又一大自然财富。与当地大多数地区只能适合草场生长的土壤状况相比，哈拉塔尔村所在地区较适宜农作物种植。这里很早就有人类农业活动的痕迹。当年改革开放建设新农村时，村里按照土地的不同质量来划定不同人家承包土地的亩数。当然，随着村里人口数量的增长，人多地少的矛盾日益显现，并出现土地资源匮乏与土地质量下降的状况。即便如此，村民们还是十分珍惜现有土地的农业生产。除了满院秋收成果丰硕外，我们还能在各家各户院前屋后的狭小空间找到村民自己种植的一些粮食作物和蔬菜等。这也是村民们日常饮食的一个重要来源。

作为一个牧业发达地区，哈拉塔尔村村民大多还拥有自己的打草场。草场资源是该村又一大财富。这些草场能基本保障村民们的牲畜放牧所需，也因此为该村增产、增效、增收作出积极贡献。

充足的阳光、适宜的温度也是哈拉塔尔村的一大资源。良好的光照条件为农牧业生产提供了基础，也为当地其他产业发展创造条件。

三　县乡经济生产环境①

布尔津县的经济发展以农业生产、牧业经营和旅游业

---

① 本部分统计数据来自布尔津县政府网站。

为突出特色。2007 年，该县经济运行总体上呈现出农村经济稳定发展、工业经济效益提高、固定资产投资快速增长，财政收入明显提高、消费市场持续活跃、经济效益大幅提升特点。县域经济继续保持较快增长。经地区反馈，全县实现 GDP 81377 万元，同比增长 12.0%。其中第一产业完成增加值 20167 万元，增长 2.2%；第二产业完成增加值 23720 万元，增长 19.0%；第三产业完成增加值 37490 万元，增长 13.7%。三产的比重是 24.8 : 29.1 : 46.1。从不同产业对经济增长的贡献来看，第一产业对经济增长的贡献率为 4.9%，拉动 GDP 增长 0.6 个百分点；第二产业对经济增长的贡献率为 43.4%，拉动 GDP 增长 5.2 个百分点；第三产业对经济增长的贡献率为 51.7%，拉动 GDP 增长 6.2 个百分点。

2007 年，布尔津县农村经济稳定发展，新农村建设有序推进。随着农产品价格的走高，农民生产积极性进一步提高，加上新农村建设等积极因素的推动，全县 2007 年实现农林牧渔业产值 35390.13 万元，同比增长 6.97%，其中：农业产值 16289.17 万元，同比增长 7.22%；林业产值 1421.12 万元，同比增长 4.02%；牧业产值 16674.62 万元，同比增长 6.8%；渔业产值 171 万元，同比增长 1.79%。

依托旅游，全县进一步优化调整了种植业结构。2007 年，农作物种植面积有了较大的变化，油葵、打瓜、蔬菜等农作物的种植面积较上年有所增长。2007 年农作物种植面积达 29.9 万亩。其中小麦、黄豆、油葵、蔬菜、打瓜种植面积分别为 0.57 万亩、7.43 万亩、8.85 万亩、0.26 万亩、2.91 万亩，同比增长 - 74.50%、 - 48.44%、249.11%、21.43%、97.96%；产量分别为 1710 吨、15592 吨、15930

吨、10509.75 吨、3783 吨, 同比增长 - 72.61%、- 46.40%、257.01%、21.43%、71.56%。

畜牧业生产增势缓中有升。2007 年全县存栏数为 38.00 万头, 同比增长 - 0.17%。其中, 牛存栏 8.6436 万头, 比上年同期增长 14.94%, 出栏 1.74 万头, 比上年同期增加 0.58%; 羊存栏 27.2499 万头, 比上年同期增长 - 5.02%, 出栏 27.45 万头, 比上年同期增长 0.11%; 奶产量 14902 吨, 同比增长 22.13%; 禽蛋产量 588 吨, 同比增长 15.52%。全县进一步加大畜产品品种和品质结构的调整, 加快畜牧业种群改良步伐, 在稳定羊的饲养规模基础上, 牛饲养量有所增加, 奶产量也有了大幅提高, 畜牧业生产增势缓中有升。

工业生产平稳增长, 质量效益同步提高。2007 年布尔津县工业生产快速增长, 完成绝对额和增长速度均达到了年度目标要求。全年工业企业共完成增加值 8430.7 万元, 同比增长 19.4%, 超额完成年度目标的 108%。分轻重工业看, 轻工业下降 12.1%, 重工业增长 31.9%; 分所有制看, 国有及国有控股企业下降 1.8%, 集体企业下降 25.9%, 股份制企业增长 21.9%。

2007 年全县工业经济效益显著提高。这主要表现在企业收益水平提高, 主要指标实现两位数增长。全年规模以上工业企业产品销售收入完成 12734.7 万元, 实现利润总额达到 1334.3 万元, 同比增长 63.46%; 实现利税总额达到 2490.2 万元, 同比增长 24%。全县工业经济效益显著提高。

其次为工业产销衔接良好, 产品销售率维持在较高水平。2007 年全县工业企业实现销售产值 18231.1 万元, 同比增长 9.6%。产品销售率达到 90.53%，同比略有降低。与此同时，适销对路产品大量增加，主要工业产品生产势头良好。2007 年，在统计考核的主要工业产品中，除植物油加工外，其他工业品均保持增长。其中水泥产量为19.39 万吨，同比增长 10.6%；发电完成 9732.6 万千瓦小时，同比增长 1.4%；白酒完成 237.48 万吨，同比增长41.9%；铁合金完成 2974.84 吨，同比增长 13.2%；乳制品完成 440.29 吨，同比增长 51.8%；肉制品完成 908 吨，同比下降 17.5%。

第三产业增长速度加快。全县第三产业在旅游、物流、居民服务等生产性服务业的拉动下，保持了较好的增长势头，增长较快的行业有交通运输电信业、批发与零售业、房地产业、旅游业及其他营利性服务业等。

2007 年布尔津县经济运行有一个显著的成绩是：投资、消费已成为拉动经济增长的主要动力。2007 年以来，全县固定资产投资进入了快速增长阶段。全年累计完成投资73000 万元，完成计划任务的 104.3%，比上年同期增长了41%。其中：城镇以上完成固定资产投资 67920 万元，同比增长 45.2%；房地产开发投资完成 4130 万元，同比增长10.5%。从三次产业看：第一产业累计完成投资 5756 万元，同比增长 30.5%。第二产业投资累计完成 26650 万元，同比增长 581%；2007 年主要依托冲乎尔水电站、星振矿业、农网改造、集中供热等项目的实施，有力拉动全县投资快速增长，同时也为今后全县工业发展提供了新的增长点。第三产业投资累计完成 40594 万元，和上年基本持平。主要是依托喀纳斯飞机场、通油通达工程、星级宾馆和酒店、地质勘察、水利、环境和公共设施业、教育、文化、体育

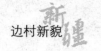

和娱乐事业等项目的拉动。

消费需求趋旺，成为拉动全县经济增长的内在动力。2007年全年实现社会消费品零售总额57854.6万元，同比增长17.93%，县上和县下市场分别实现零售额50855.7万元和6998.9万元，分别比上年增长18.13%和16.56%。县上零售额增幅高于县下零售额1.57个百分点。餐饮市场销售继续红火，全年累计实现零售额18365.8万元，比上年同期增长18.64%。旅游业快速发展，成为拉动消费品市场的重要力量之一。全县旅游接待人数为100万人次，实现旅游收入7.75亿元，门票收入5375万元；分别比上年增长17%、14%、53.59%。全县旅游业占GDP的比重为43.9%，旅游业拉动GDP增长11.6个百分点。

2007年全县经济运行质量明显提高。当年全县地方财政收入完成5500万元，同口径增长47.37%（下同），完成预算4524万元的121.57%，比上年同期增收1768万元，增长47.37%。其中：一般预算收入完成5124万元，完成预算4150万元的123.47%，增长53.32%；地方财政支出完成24754万元，比上年增长29.35%，其中：一般预算支出完成24404万元，比上年增长29.97%。财政收入质量进一步提高，税收收入占地方财政收入的比重为84.85%。

全县金融机构人民币各项存款余额78351万元，同比持平。其中城镇居民储蓄40748万元，比年初增加3502万元。金融机构人民币各项贷款余额35892万元，比年初净增3497万元，同比增长17.4%。其中，中长期贷款21610万元，比年初增加2261万元。

全年规模以上工业企业产品销售收入完成 12734.7 万元，实现利润总额 1334.3 万元，同比增长 63.46%；实现利税总额 2490.2 万元，同比增长 24%。全县工业经济效益显著提高。

全县农牧民人均纯收入保持较快增长势头。据农村住户调查，农牧民人均纯收入 4310 元，同比增加 418 元，增幅为 10.7%。农民收入增加主要是由于劳务输出人数有所增加、务工行业有新的变化及本地工价有所提升所致，另外，农产品价格较往年大幅度上涨，养殖业肉禽蛋等价格上涨也给农民增加了部分收入。

哈拉塔尔村所在的杜来提乡的经济生产环境较好。我们可以从该乡 2001~2005 年的基本情况了解到该乡退耕还林、畜牧业发展和人均收入等方面的变化（见表 3－1）。

表 3－1　杜来提乡 2001~2005 年基本情况

项目名称　年份	退耕还林地（面积）	年存草量（万公斤）	年最高饲养量（头/只）	年存栏数（头/只）	年大畜情况（头/只）	年人均收入（元）
2001	—	1680	88166	52500	10835	2354
2002	6672	2110.67	98304	55838	10484	2630.2
2003	3600	1940.91	103713	62610	11854	2977.71
2004	1006	1893.51	104502	59552	11146	3448
2005	1526	1923.18	104454	59100	13260	3753

数据来源：乡农经站统计数据。

通过对杜来提乡 2006 年和 2007 年增收表的对比，也可以看出该乡经济发展近年来呈现出良好运行、稳步发展的基本态势（见表 3－2、表 3－3）。

表 3 - 2　杜来提乡 2006 年增收情况

名称	2005 年单产（公斤）	2005 年面积（亩）	2006 年单产（公斤）	2006 年面积（亩）	收入（元）	单价（元）
农业 黄豆	200.6	50500	200	50500	21816000	2.16
小麦	300	3800	280	3300	1330560	1.44
油料	156.5	6800	164.8	6600	2827968	2.6
玉米	533.54	5940	541	4200	2272200	1
苜蓿	300	9960	310	7000	5425000	2.5
农业增收 3367158 元，人均增收 43.45 元（增收比 4.7%）						
畜牧业 大畜	641	增收	115380		1800 元/头	
羊	8000	增收	1728000		216 元/只	
畜牧业增收 2881800 元，人均增收 37.17 元（增收比 3.4%）						
富余劳动力转移 转移人数	700 人	增收	103320		10 元/人，按 140 天	
劳动力转移为全乡人均增收 126 元（增收比 1.4%）						
旅游业 转移人数	200 人	增收	142000		2000 元/月，按 71 天	
旅游业为全乡人均增收 18.32 元（增收比 1.5%）						
退耕还林 完成退耕还林	13208 亩	增收	208000		1300 亩 * 160 元	
退耕还林为全乡人均增收 26.84 元（增收比 19.22%）						
退牧还草 人均增收 13.33 元（禁牧、轮牧、休牧）				8.4 万亩 * 1.23 元		
全年实现人均增收 265.11 元						
备　注 全乡农牧业总人口 7749 人						

数据来源：乡农经站统计数据。

我们调研期间刚好赶上当地 2007 年度统计数据出炉。

表 3 - 3　杜来提乡 2007 年增收情况

名称	2006 年单产（公斤）	2006 年面积（亩）	名称	2007 年单产（公斤）	2007 年面积（亩）	收入（元）	单价（元）
农业	黄豆 200	50500	大豆	200	29117	13916160	2.4
	小麦 280	3300	油料	160	26950	11211200	2.6
	油料 164.8	6600	玉米	500	5100	2550000	1
	玉米 541	4200	打瓜	100	4215	2529000	6
	苜蓿 310	7000	土豆	500	1580	395000	0.5
			苜蓿	300	8420	6315000	2.5
			青贮玉米	5000	1618	8090000	1
	农业增收 6681800 元，人均增收 85 元（增收比 4%）						
畜牧业	大畜	900 头	增收	1620000 元		1800 元/头	
	羊	8500 只	增收	1700000 元		200 元/只	
	奶产量	—		1400000 元		1.5 元，140 天	
	畜牧业增收 4720000 元，人均增收 60 元（增收比 3%）						
富余劳动力转移	转移人数	800 人	增收	6400000 元		50 元/人，160 天	
	劳动力转移为全乡人均增收 96.6 元（增收比 1.3%）						
旅游业	转移人数	220 人	增收	60720000 元		2300 元/月，120 天	
	旅游业为全乡人均增收 77 元（增收比 2%）						
退耕（牧）还林（草）	完成退耕还林	8450 亩	增收	369279 元			
	退耕还林为全乡人均增收 46.4 元（增收比 1.5%）						
人均增收	360 元						
全年实现人均增收 4378 元							
备　注	全乡农牧业总人口 7857 人						

数据来源：乡农经站统计数据。

由上述两表分析对比后可见，农业种植方面，除了传统的优势项目如豆类、油料和玉米等外，新增加了经济类作物打瓜和用于牧业饲料的青贮玉米的种植，有利于广大农牧民增收。在畜牧业方面，推广大畜养殖成效显著。农村地区富余劳动力的转移工作也因此取得一定成效。

近年来城乡居民生活水平的提高，旅游业的快速发展，以及距离县城较近且交通条件十分便利等自然条件，也促使杜来提乡近几年开始逐步加大了蔬菜瓜果的种植，并已初具规模（见表3-4）。

表3-4　2005年杜来提乡蔬菜种植估（测）产统计汇总

	面积（亩）	单产（公斤/亩）	总产（万公斤）
大白菜	35	3000	10.5
大葱	20	700	1.4
番茄	90	1500	13.5
辣椒	80	500	4.0
胡萝卜	70	900	6.3
土豆	180	1500	27
其他蔬菜	15	200	3.3

数据来源：上述统计表均来自乡农经站统计数据，其间有统计数据汇总不符之处，遵原件。

在改造提升大豆、畜牧等传统优势产业的基础上，杜来提乡2007年大力发展牛羊育肥、打瓜、家禽等新兴特色产业，实现规模生产，形成产业群。全乡冬季从事育肥的大户已超过10户，小规模育肥的户不下50户，育肥业渐成气候。通过签订打瓜订单等方式，使得种植业结构得到进一步调整，群众增收渠道扩大。同时，距离县城较近的村落也开始利用地理区位优势，着力发展家禽养殖，已有部分群众逐渐将家禽养殖作为增收重点，家禽养殖总数迅速扩大[①]。

除了传统的农牧业生产外，杜来提乡的林业、水产养殖业、第三产业等也收效颇丰。农牧民的收入已经呈现出多点开花节节高的喜人局面（见表3－5）。

表3－5　2005年杜来提乡农牧民人均纯收入构成分析

		单　位	2004 年	2005 年
合　计		元	3045	3533
一、种植业人均纯收入		元	1345	1195
1. 粮食作物人均纯收入		元	1080	1038
小　麦	总播面积	亩	3839	3800
	总产量	万吨	108.9	114
	单　产	公斤/亩	282.59	300
	价　格	元/公斤	1.56	1.56
	亩均物质费	元/亩	148	168
	人均纯收入	元	293	300
玉　米	总播面积	亩	2800	5940
	总产量	万吨	149.43	316.92
	单　产	公斤/亩	533.68	533.94
	价　格	元/公斤	1	1
	亩均物质费	元/亩	158	168
	人均纯收入	元	375	366
豆　类	总播面积	亩	43000	50500
	总产量	万吨	861.66	1013.03
	单　产	公斤/亩	200.39	200.6
	价　格	元/公斤	2.6	2.4
	亩均物质费	元/亩	105	109
	人均纯收入	元	416	372

---

① 布尔津县政府网站，《布尔津县杜来提乡"三新"助力新农村建设》，2007 年 4 月 26 日，通讯员：李建锋、张君如。

	单　位	2004 年	2005 年
2. 经济作物人均纯收入	元	265	177
油料　总播面积	亩	1300	6800
总产量	万吨	20.35	106.42
单　产	公斤/亩	156.45	156.2
价　格	元/公斤	2.4	1.8
亩均物质费	元/亩	90	104
人均纯收入	元	265	177
蔬菜瓜果　人均纯收入	元	500	550
其他特色　人均纯收入	元	1200	1788
二、林业人均纯收入	元	140	160
三、渔业人均纯收入	元	80	90
四、畜牧业人均纯收入	元	4680	4886
牛　总　量	头	2319	108
出　栏	头	1800	18（原数据如此）
单　价	元/公斤	18	18
费　用	元/头	680	700
人均纯收入	元	1120	800
马　总　量	匹	799	396
出　栏	匹	700	381
单　价	元/公斤	14	15
费　用	元/匹	500	600
人均纯收入	元	700	900
羊　总　量	只	31509	34815
出　栏	只	31000	32500
单　价	元/公斤	6.5	5.5
费　用	元/只	140	150
人均纯收入	元	80	30

		单 位	2004 年	2005 年
骆 驼	总 量	峰	172	396
	出 栏	峰	150	370
	单 价	元/公斤	18	18
	费 用	元/峰	480	500
	人均纯收入	元	1120	1200
猪	总 量	头	172	41
	出 栏	头	152	31
	单 价	元/公斤	22	22
	费 用	元/头	550	650
	人均纯收入	元	1100	1200
家 禽	总 量	万只	9000	10000
	单 价	元/公斤	5.5	5.5
	费 用	元/只	9	11
	人均纯收入	元	9	11
牛 奶	总 量	万公斤	550	600
	单 价	元/公斤	2	2
	费 用	元	55	60
	人均纯收入	元	100	120
皮	总 量	张	4900	5000
	单 价	元/张	50	50
	人均纯收入	元	24.5	25
毛、绒	总 量	吨	45	60
	单 价	元/公斤	9.5	10
	人均纯收入	元	427	600
五、二、三产业人均纯收入		元	1800	2000
建筑业	总 量	元	26580	38500
	人 数	人	60	70
	人均纯收入	元	443	550

		单 位	2004 年	2005 年
加工业	总 量	元	66	66
	单 价	人	2	2
	人均纯收入	元	33	33
运输业	总 量	元	33460	38025
	人 数	人	70	75
	人均纯收入	元	478	507
餐饮业	总 量	元	460	600
	人 数	人	10	12
	人均纯收入	元	46	60
服务业	总 量	元	92800	100300
	人 数	人	116	118
	人均纯收入	元	800	850
六、外出劳务收入		元		696
公路建设	总 量	元	56160	70000
	人 数	人	432	500
	人均纯收入	元	130	140
水利工程	总 量	万元	—	480
	人 数	人	—	150
	人均纯收入	元	—	320
农业综合开发	总 量	万元	—	20
	人 数	人	—	120
	人均纯收入	元	—	166
天然草原围栏	总 量	万元	—	4.5
	人 数	人	—	100
	人均纯收入	元	—	70
七、从集体再分配收入		元	115671	—

四 哈拉塔尔村经济生产概况

自然经济条件的改善与乡经济的快速发展也带动了哈拉塔尔村的经济生产。尽管由于各种原因该村经济发展水平在全乡位次较低，且属于国家扶持的贫困村，但其农村经济生产依然显现出新时期的新特点。我们可以从该村的一些基本经济发展数据中获悉当前该村的经济状况（见表3-6）。

表3-6 2005~2006年杜来提乡村社会情况/哈拉塔尔村

年 份		2005	2006
户数（户）		148	158
农业人口（人）		655	643
劳动力（人）		420	321
耕地面积（亩）		4590	5706
种植面积（亩）		4140	3500
农作物总产量（吨）	粮食作物	104.87	72
	经济作物	64660	57800
总产值（万元）		663	429
年末牲畜数（只）		2163	3336
国民生产总值（万元）	一 产	443	329
	二 产		
	三 产	200	100
人均收入（元）		3323.25	3591.73

数据来源：乡农经站统计数据。

由表3-6可见，尽管2005~2006年该村的村民户数有所增加，但其农业人口与劳动力均呈现下降之势。农村富余劳动力离开，因从事各种经营活动而脱离农业劳动的人数增加。总体来看，2006年的种植业产量有所下降，与此同时，牧业生产有所提升。村民人均收入仍然呈现稳定增长（见表3-7）。

表 3 - 7　哈拉塔尔村 1996 ~ 2005 年人均收入调查基本情况

年　份	1996	1997	1998	1999	2000
收入（元）	765.88	931.77	1289.73	1566.5	1828.18
年　份	2001	2002	2003	2004	2005
收入（元）	2033.84	2248.56	2595.56	3002.29	3323.25

在村委会的手工统计资料中，该村的农民人均收入 2006 年已经达到 3580 元。村民人均收入继续维持良好的持续增长态势。

哈拉塔尔村的一个突出问题是，与本地区其他村的情况相比，全村的人均土地占有量过少。尽管我们获取的正式统计资料显示该村人均耕地面积并不是很低，但我们实地调查期间获得的调查问卷显示，该村 51 户被调查者中，占有耕地最多的可以达到 150 亩，但这种能够超过 100 亩的情况只有凤毛麟角的 3 户，面积分别为 150 亩、125 亩和 100 亩；占有耕地面积在 100 ~ 50 亩（含）之间的也只有 7 户，分别为 50 亩、52 亩、70 亩、72 亩和 80 亩的各 1 户，60 亩的 2 户；占有耕地面积在 50 ~ 30 亩（含）之间的仅有 3 户，分别为 30 亩、40 亩和 45 亩各 1 户。绝大部分农户占有耕地面积在 20 亩之下，其中，占有耕地面积为 10 亩的最多，达到 13 户；其次分别为 8 亩，6 户；12 亩，5 户；6 亩，4 户；15 亩和 11 亩的各 2 户；18 亩、16 亩、13 亩、9 亩、7 亩和 2 亩的各 1 户。户占有耕地面积最少的只有 2 亩，十分令人震惊。调研还发现，有 3 户 2007 年占有耕地数较多的农户实际上有很大一部分耕地为租种，例如，当年拥有耕地 120 亩的农户租种了 50 亩耕地，当年拥有 72 亩的农户租种了 60 亩耕地，还有 1 户当年拥有 52 亩耕地的农户租种了 40 亩耕地。如果抛却这些租赁土地，他们实际拥有的耕地数额依然比较少。

　　人口数量的增加与总体耕地面积不变或减少导致人均耕地面积日益锐减，已经成为当前农村经济生活中一个迫在眉睫的难题。而在有限的耕地上寻找更多的经济收益成为哈拉塔尔村一个十分矛盾的、艰难的，但又必须直面的现实目标。作为一个重要的旅游地区，以及国家重点实施林、草与环境保护区域，哈拉塔尔村的经济生产活动依然遵循保障环境基础设施、防止农业污染负荷过重、合理提高地表水资源利用率等生态环境保护规定，并基本完成预期目标（见表3-8~表3-11）。

表3-8　哈拉塔尔村环境基础设施完成情况一览

单位：%

名　称	指　标	达标率
清洁能源使用率	85	93
生活垃圾处理率	85	92
危险废物处置率	100	100

表3-9　哈拉塔尔村农业环境污染负荷情况一览

名　称	指　标	达标情况
农　膜	控制耕地白化污染	无
农　药	严格按照农药配方试剂 按要求使用	严格
化肥用量	遵照土培肥方法	按要求使用

表3-10　哈拉塔尔村地表水资源利用率情况一览

单位：%

名　称	指　标	达标情况
地表水资源平均利用率	6	7
天然草场载畜量	按畜牧局下达指标	达标
退耕还林/还草面积	22	25
天然草场退化面积	40	30

表 3 - 11 哈拉塔尔村生态环境保护情况一览

名　称	指　标	达标情况
生态保护与建设投资较往年比例（％）	2	2.5
天然封育保护面积（％）	3	3.6
毛灌溉数（立方米/亩）	1000	900

第二节　哈拉塔尔村的农业生产

　　哈拉塔尔村所在的杜来提乡是全县重点扶持的大豆生产基地，是县里主要的农业生产大乡。全乡现有耕地总面积 77000 亩，其中种植面积 58000 亩，人均占有耕地 9.8 亩，主要种植大豆、油葵、玉米等农作物。这种作物种植结构也影响到哈拉塔尔村的农业生产活动。

　　从表 3 - 12 可以看出，近几年哈拉塔尔村耕地面积有明显扩大，这可能与距离该村十几公里之外的新划分土地（计划用于部分村民户的搬迁）有关。随着耕地的增加，在保持传统小麦、玉米、豆类和油料作物种植的基础上，该村 2006 年又增加了打瓜和苜蓿的种植。我们还可以通过 2001 年、2005 年和 2006 年哈拉塔尔村农作物估（测）产统计汇总表的相关数据，来对比该村这几年的农作物生产情况（见表 3 - 13 ~ 表 3 - 15）。

表 3 - 12 哈拉塔尔村 2004 ~ 2006 年种植业完成情况统计

单位：亩

年度	耕地面积	小麦	玉米	黄豆	打瓜	油料	苜蓿
2004	1700	215	500	885	—	100	—
2005	4590	200	540	3100	—	300	450
2006	5450	—	—	3500	1300	300	350

资料来源：乡农经站统计数据。

对比可见，哈拉塔尔村 2001 ~ 2006 年的粮食作物种植面积呈现明显增长。与此同时，种植作物品种也开始出现变化。传统的小麦、玉米、豆类、油料作物已经开始为新

表 3 - 13　哈拉塔尔村 2001 年农作物估（测）产统计汇总

	面积(亩)	单产(公斤/亩)	总产(万公斤)
粮食作物	900	364.78	32.83
其中：小麦	100	218	2.18
玉米	300	625	18.75
豆类(花豆)	500	238	11.9
油葵	67	145	0.9715

资料来源：乡农经站统计数据。

表 3 - 14　哈拉塔尔村 2005 年农作物估（测）产统计汇总

	面积(亩)	单产(公斤/亩)	总产(万公斤)
粮食作物	3840	273.09	104.87
其中：小麦	200	295	5.9
玉米	540	610	32.94
豆类	3100	213	66.03
油葵	300	155	4.65
苜蓿	450	330	14.85

资料来源：乡农经站统计数据。

表 3 - 15　哈拉塔尔村 2006 年农作物估（测）产统计汇总

	面积(亩)	单产(公斤/亩)	总产(万公斤)
粮食作物	3500	206	72.1
其中：豆类	3500	206	72.1
油葵	300	170	5.1
苜蓿	350	339	11.9
瓜菜	1300	125	16.3

资料来源：乡农经站统计数据。

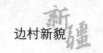

的能带来更大收益的作物品种逐步充实，2005 年苜蓿种植大面积出现，2006 年的一个特点是瓜菜开始进入村民种植作物范围，同时，小麦的生产开始日渐萎缩。豆类作为杜来提乡的拳头产品，依然占据很大的种植份额。我们也可以从村民的调查问卷中得到相似的答案。

在 51 份有效调查问卷中，2006 年种植小麦的农户只有 1 户，种了 30 亩；种植玉米的农户虽然占调查问卷的最多数，达到了 27 户，但他们的种植总面积也不过只有 210 亩；比较而言，黄豆和花豆依然是种植面积最多的，前者种植农户为 15 户，总面积达到 626 亩，后者种植农户 5 户，总面积为 34 亩，两者合计达到 660 亩；油料作物油葵的种植排第三位，共有 9 户被访者种植，总面积为 123 亩；苜蓿的种植农户为 2 户，20 亩；此外还有林地种植 2 户，180 亩。调查问卷中未能明确反映出哈拉塔尔村的蔬菜瓜果种植情况，部分可归入林地种植内。

在被调查者的年收入中，农业种植收入仅次于养殖业，占第二位。户均种植业收入也位列养殖业和商业经营收入之后，处于第三位，户均超过 7600 元。这些都充分说明种植业在哈拉塔尔村的村民经济生活中占据重要位置，是当地农民获取财富的主要来源。

第三节　哈拉塔尔村养殖业发展

哈拉塔尔村的养殖业在全县享有盛誉，这不仅体现在其养殖业的品种、数量、规模，养殖业给县城人民生活和旅游经济带来的极大支持，也体现在养殖业不论在收入总量还是比重方面都占据该村村民年收入的首位。县里还根据哈拉塔尔村的这一特点，将该村的养殖业作为重点扶持村，列入县域经济发展长期规划（见表 3 - 16）。

表 3 - 16　哈拉塔尔村 2006 年牲畜最高饲养量、
存栏数、母畜数统计

	牛(头)	马(匹)	骆驼(峰)	羊(只)	山羊(只)	合　计
年牲畜最高饲养量	1056	129	39	4693	275	6192
年存栏数	811	108	39	2241	137	3336
年母畜数	702	28	10	1241	107	2088

注：该数据来自乡农经站统计数据。经估算，年牲畜最高饲养量合计有误，原文如此。

从村档案材料中可以看到 2005 年哈拉塔尔村畜牧业生产的基本指标，虽不甚详尽，但可以与 2006 年进行简单对比。2005 年全村年末牲畜存栏总数为 1000 头，繁育母牛数达 400 头，留在山下的奶牛为 350 头。当年村里进行黄牛改良工作，实现冷配 380 头，牵引 650 头，合计 1030 头。

两年数据对比发现，哈拉塔尔村的牲畜养殖的确呈现出明显增长。不论是牲畜年末存栏数还是年繁育母牛数，都出现一定程度的提高。配合该村扩大苜蓿与青贮玉米等饲料类作物的种植面积，提高产量，实现了农牧结合双丰收。

村民们的调查问卷也反映出哈拉塔尔村畜牧业生产的基本情况。作为一个农牧结合村，该村的村民大多有自家的草场。调查涉及的 52 户人家中，有自己草场的人家达到 34 户，当然，绝大多数面积并不大。调查问卷中，自家草场面积最大的为 200 亩，但仅此一位，且为放牧草场；剩余的绝大多数不超过 30 亩，为割草场。在这拥有割草场的 33

户人家中，草场面积 50 亩为最大，有 1 户，30 亩的有 2 户，其余均不超过 20 亩，其间又以 10~20 亩为最多，达到 25 户，占总共 33 户拥有割草场户数的 76%。割草场面积小于 10 亩的仅有 5 户，其中 4 户为 8 亩，面积最小的 5 亩，有 1 户。

尽管草场面积不大，村民们依然通过集体放牧或代牧的方式，很好地实现了村畜牧业的生产活动。我们的调查问卷还通过村民们的自述，展示了哈拉塔尔村 2006 年养殖业生产的基本情况（见表 3-17）。

表 3-17　哈拉塔尔村 2006 年养殖业情况
（依据 50 份调查问卷统计）

	年底存栏数	销售数	自食数
羊（只）	1289	906	—
牛（头）	458	39	35
马（匹）	54	6	—
骆驼（峰）	22	10	—
猪（头）	1	1	2
家禽（只）	193	172	85

哈拉塔尔村养殖业的最大特色就是养殖品种较为丰富（见图 3-1）。从表 3-17 可见，村民们不但养殖了传统牧区所常见的羊、牛、马和骆驼，也出现了猪和家禽。我们通过调查了解到，该村养猪的人家主要为内地迁居来的汉族，猪的饲养数量一般不多，主要是为了提供节日或重大婚丧庆典等活动所需，也有人家会将猪养到秋天宰杀，分售给村里其他食用者。

图 3 - 1　家禽养殖（摄于 2007 年 9 月 10 日）

　　家禽的饲养则更为普遍，村里的路上到处可以看见家禽的身影，最突出的恐怕是经常在马路上散步的火鸡（见图 3 -2），高高大大，颜色亮丽，十分醒目。这些火鸡主要用于销售，这与传统意义上的养家禽用于自家食用有显著不同。而且据我们观察，这些火鸡种群较大，已经具有一定规模。由于主人下地干活去了，我们未能采访到养殖火

图 3 - 2　马路上散步的火鸡（摄于 2007 年 9 月 11 日）

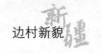

鸡的一些具体情况。

县乡多级统计数据都清晰地表明养殖业在该村农民收入中处于首位，我们在哈拉塔尔村调研时也证实了这一点。该村调研结果显示，依据村民们的自报数据，38 户填报养殖业生产情况的农户总计获得养殖业收入 331205 元，户均8715.92 元。这是各类生产经营活动中最高的。2007 年该村村民马占云仅通过冬季育肥牛一项，增收 3 万元。他的行动在该村具有典型性和示范性。

近年来，政府积极推广小畜换大畜、品种改良等工作。2002 年布尔津县财政扶贫资金项目计划表中，清晰地记录了 2002～2005 年在杜来提乡哈拉塔尔村实施新的牲畜品种改良项目，该项目计划引进奶牛 100 头、羊 1000 只。项目总投资 110 万元，其中申请资金数 90 万元。当年自治区安排资金合计 8 万元，全部为跨乡跨村资金。项目负责人为钟开智。

但新型牧业生产品种的推广也给当地传统的牧业活动带来一定冲击，对当地村民提高牧业水平提出新的、更高的要求。在我们调查期间，不断有村民反映他们饲养的新型黑白花奶牛不适应当地环境，容易生病、死亡。村民们也知道，这种牛一旦养殖技术过关，收益很高，产奶量大且质量好。选择在哈拉塔尔村积极推广新型奶牛，与该村距离县乡近、能够产生直接经济效益有密切关联。哈拉塔尔村的奶牛养殖不但能够保障布尔津县城镇居民日常生活食用的牛奶及奶制品需求，而且也为县里著名的阿尔曼奶业提供了重要奶源。

尽管面临上述诸多困难，村里很多人还是对我们表示，他们恋恋不舍养殖生产活动。与农业生产相比，很多习惯传统牧业生产生活方式的人依然愿意选择后者。

第四节 哈拉塔尔村第三产业发展现状

哈拉塔尔村的第三产业发展较好，这与该村较为悠久的历史、丰富的多民族人口与便利的交通、距离县乡很近的地理位置等诸多因素有关。

村里第三产业发展的覆盖面较为广泛。据村民介绍，村里有些人家常年在县城从事餐饮、宾馆等服务行业。近几年随着喀纳斯旅游的不断升温，有些村民也开始前往景区从事服务业、马匹租赁业、导游或者摆地摊销售等。尽管这方面从业人员数量并不多，但收入还可以。此外，村里有人专门从事运输业，主要贩运牲畜，拉砖等，收入也不错。根据县乡政府的安排，村里还有些年轻人从事起柳编行业，有些也被集体安排到省城或内地的企业，当起了普通工人。

从村档案材料中我们发现，当年全村手工统计举家外出经商务工的户数达到了 19 户，全家外出人数 1~5 人不等，覆盖了全村主要几大民族成分，总外出人数达到了 50人。根据村里的粗略统计，2005 年全村劳动力转移达到 85人，100 天/次，按照 30 元/人/天/次计算，合计劳务输出与转移收入已经达到了 25500 元。

我们调研期间正赶上农忙季节。即便如此，村里依然有很多年轻人忙着在外打工、做生意、学手艺，偶尔遇到几个也都是家里有急事或回家稍事休息的，并不能为家里的基本经济活动提供多少帮助。村民们对此也习以为常。老人、孩子和一些因种种原因无法离开村子的人成了村里的常年居住者，这也部分解决了人多地少的困境。

　　我们在村里走访期间还看到了两处废弃的商业场所，一个是名为"青春"的商店（见图3-3），另一个则是一家清真餐馆，取名"百路小吃"（见图3-4）。紧闭的大门告诉我们，这里都已经是过去的痕迹了，但能够在这个偏僻的乡村小地看见这种商业性质的场所，着实令我们有些惊讶。毕竟，我们到乡里调研期间能够见到的餐馆也是数量极其有限、质量可圈可点的。

图3-3　"青春"商店（摄于2007年9月12日）

图3-4　"百路小吃"（摄于2007年9月12日）

由于调查问卷只能选择留守村里的村民，因此回答者绝大多数没有出村打工的经历，52 份问卷中，回答没有出去过的 37 份，不回答的 9 份，合计占总数的 88.5%；出去过一次的 4 份，经常出去的 1 份，两者合计占 11.5%。而在子女是否出去打工问题上情况有所变化。有 10 份回答经常出去，2 份回答出去过 2~4 次，5 份回答出去过 1 次，合计已经达到总数的 32.6%。这些打工者绝大多数集中在新疆的县（乡）镇和农村地区，占打工者总数的 77.3%；其次为新疆的城市，大约为 13.6%；少量去往牧区或出国，各占 4.5%。

对于打工带来的好处与坏处，大家莫衷一是（见表 3 – 18）。

表 3 – 18　哈拉塔尔村村民关于打工好处与坏处的意见统计
（依调查问卷）

类　　别	详细内容	份数（份）	占总答案数的比例（%）
好　　处	增加家庭收入	32	60.4
	培养个人能力	4	7.5
	增长见识	8	15.1
	有利子女教育	1	1.9
	说不清	6	11.3
	没有好处	2	3.8
坏　　处	工作辛苦	14	24.1
	生活水平较低	6	10.3
	受当地人歧视	3	5.2
	生活不方便	5	8.6
	工资收入水平太低	7	12.1
	不利子女教育	1	1.7
	其他	2	3.4
	说不清	8	13.8
	没有坏处	12	20.7

注：本题为多选，因此答案数可能超过了全村问卷调查总数。

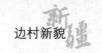
第三产业带来的收入已经构成村民收入的一个重要部分。调查问卷显示，村民 2006 年的家庭收入中，第三产业已经占据户均值的第二位。在 50 份问卷中，有 4 户填报了工商经营收入，总额达到 33200 元，户均 8300 元，位居养殖业之后，但比种植业高出近 700 元。此外，有 9 户填写了家庭外出打工收入，总计 66700 元，户均 7411.11 元，位列第四位，略低于种植业所得。这表明，第三产业的收入已经成为哈拉塔尔村村民获取土地和草场外经济收益的重要来源。

村上还有一些拿国家工资的人员，如教师；也有一些享受国家津贴的人，如"三老"人员等。这些不同方面的收入参差不齐。工资收入基本保持在户均 7200 元左右，而国家津贴等仅为户均 928 元。前者基本符合国家相关的工资规定收入范畴，后者则仅仅作为日常生活的补贴，无法作为当事人生活的主要依靠。

第五节　出现的问题

调研过程中，我们发现，哈拉塔尔村的经济发展也面临一定问题。

调查问卷显示，首先是很多当地村民 2006 年的家庭收入与支出存在逆差现象，这一方面可能由于村民有隐瞒收入情况，或有些项目没有纳入我们的调查问卷范畴；但另一方面也可能说明现在的生产、生活成本提高，压缩了村民们的年收入利润空间，如果再增添一些患病或红白喜事之类，就只能出现入不敷出的情况。问卷的支出选项统计表明，户均 2006 年生产与生活支出达到了

16971.19 元，其中，生产支出为 5401.95 元，位列其次的是穿衣、电、煤、交通、通信等家庭基本支出，达到户均 4939.63 元，剩余的分别为教育支出，户均 3310.50 元；医疗支出，户均 3288.72 元。比较而言，村民们的饮食支出只有年户均 2885.50 元，是几个项目中花费最少的，这也表明当地村民很多情况下是自给自足，很少用现金购买食品。

调查还发现，绝大多数村民并没有多少积蓄，往往是年初贷款年底还钱。能够自筹一部分经费进行扩大生产或创业的为数极少。而且据了解，地方贷款也存在利息高、门槛高、贷款难等问题，且只有农村信用合作社一家，缺乏竞争机制和服务意识。

其次的问题是村民的经济生产技术水平不足，这影响了当地村民经济收入的进一步提高。虽然我们从县、乡、村多渠道了解到，当地已经开展了一系列的农牧业生产技术培训和第三产业鼓励政策，但总体看，当地的相关教育水平还是十分有限的，很多情况下无法满足当地经济生产发展的需要。举例来说，哈拉塔尔村的畜牧业养殖是一个长项，也是重点扶持和赢利项目，但与这种良好的大背景和当前大好的发展机遇相比，村民对新型牲畜品种依然存在排斥或恐惧心理，事实上也确实存在着养不活、养不好的情况。经我们了解，这一方面与当地的气候、土壤、饲料等自然条件有关，更重要的是与养殖的观念与技术有关。

在我们调查村里的技术培训情况时，52 份问卷中大多数（31 份）选择了避而不答，而即便是在回答问卷的 21 份问卷中，真正选择技术培训有帮助或帮助很大的合计也只

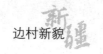

有15份。这充分说明，要真正提高当地的经济生产技术水平，绝非一朝一夕之功，还得转变观念，从基础抓，落到实处。

此外，村民中还存在明显的家庭收入差距过大的情况，这也影响了村里的基层工作，增加了村民的各种猜忌，也增添了村民对政府政策的不信任或怀疑。在哈拉塔尔村调研时听到的最大问题是村民对历任村干部情况的反映。这些情况有些是事实，但很多也只能是道听途说或猜测，无法获取明确证据和证明。这些问题出现的一个重要原因是，村里有些前任村干部出现为亲友多分土地、多拿东西（包括扶贫物资），从而比其他村民富裕的现象。问题的关键在于，一些村干部没有把工作积极性放在寻找项目、调动全村人员积极性、共同发展致富上。而在经济生产方面，村里不同人家的能力与水平还存在巨大差距，势必导致贫富不均的出现。

哈拉塔尔村因病致贫情况也比较多见。

个案 3 -1

塔肯，女，53岁，哈萨克族，小学三年级文化，有两个儿子，都是初中毕业。丈夫的名字叫乌热扎洪。家里有耕地16亩，割草场9亩，有6头牛，4头小牛，去年（2006年）种植业收入是7900元。他们家上（20）世纪80年代时生活和经济条件还非常好，1989年有30只羊，7~8匹马，12头牛，28马力的拖拉机。但她的丈夫1998年得病，2005年癌症去世。她丈夫有两个弟弟，娶媳妇花了不少钱，丈夫的爸爸妈妈治病花了不少钱。这些变故导致这个家庭从2005年开始变成贫困户。2006年乡里给贫困户每户两头新疆褐牛，她家拿到两头，要求 3 年后返还。

个案 3 - 2

瓦提罕，女，65 岁，哈萨克族，中学文化，有一个儿子，丈夫叫加帕尔，维（吾尔）族。全家现有耕地 10 亩（外租 150 元/亩·年），割草场 10 亩，牛 3 头，由于种子和化肥无法解决，因此出租给了回族农民。2007 年欠银行贷款 1300 元，由于以前的未还，银行不会再贷款。2000 年时家里有 50~60 只羊，4 匹马，十几头牛。但 2000 年她的丈夫因高血压，脑溢血，瘫痪，（20）05 年去世，由此致贫。（20）06 年政府给了两头牛，要求 3 年后还。但自己目前身体不好，（20）06 年看病花了 3000 元。现在她的儿子在外面打工，主要是出去在工地或水泥厂打零工，一天收入 40 元，每年在外打工 3~4 个月。因为是哈（萨克）族，又没有亲戚熟人，所以找工作困难，找到的工作都十分辛苦。

个案 3 - 3

热河什，59 岁。丈夫耶斯穆拉提，塔塔尔族，（19）85 年去世，家里有 12 亩耕地（2006 年开始出租，150 元/亩·年）。大儿子 2006 年因车祸无法种地，所以出租耕地。全家有 15 亩割草场，有 28 只羊。2002 年时家里有 100 只羊，十几头牛，生活水平还不错。但 2003 年儿子结婚花了 35000 元（女方给了 20000 元），这样牲畜减少了，加上小儿子是残疾人（小儿麻痹症），无法工作。2001 年家里建房花了 30000 元，牛羊的代牧费高，饲料价格贵，畜产品价格低，所以牲畜数量减少。

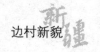

个案 3－4

沙吾烈提，男，哈萨克族，46 岁，高中文化，有两个孩子，一男一女。1978 年随父母从冲乎尔搬迁过来，当时花 1500 元买的别人的房子（1977 年盖的）。1992 年成家。目前家里有 8 亩耕地，2006 年种的是玉米，家里还有两头牛，一大一小，一匹马。2007 年种了 5 亩玉米，3 亩花豆，没钱打农药，只用了 4 袋白化肥。哈萨克族农民农业生产技术不高，产量低。2007 年政府给了两头小牛。媳妇的身体不好，去年（2006 年）做阑尾炎手术花了 3500 元，两个孩子要上学，所以家里十分贫困，是乡村里扶持的贫困户。女儿叫阿依古丽，在杜来提乡中学上学，得了好多奖，希望能通过政府的帮助去内地或疆内其他大城市读书。2006 年全家的合作医疗费 30 元/人是村里帮忙支付的。2006 年全家借款 2000 元，至今未还。2006 年家里种植业收入 4000元，在村里干了些活，挣了 1000 元。冬天没有冬宰，全年全家只买了 600 元的肉。

个案 3－5

穆海，维吾尔族，54 岁；妻子萨比拉，哈萨克族，34岁，残疾人。有一个儿子 4 岁，身体健康。两人 2001 年结婚，现在住的还是村里的房子。结婚前穆海是哥哥家的单身汉，没有地，经常到山上给别人代牧。现在政府在"2817"给穆海家分了 30 亩地，给了 3～4 年了。但由于地的质量不好，都是三级地，而且要在那里建房的话也需要钱，所以他家一直将 30 亩地以 75 元/亩·年租给了别人。2007 年花 8000 块钱开始在新地上建房。夏天穆海给别人割草，秋天放牧，冬天在家照顾自己的牲畜。他的妻子先天性残疾，来自阿勒泰市。为了建房，穆海卖了两头牛，一大一小，共 2500 元。现在家里有 1 匹马，14 只羊。

第四章　民族关系

哈拉塔尔村是一个典型的多民族聚居村。自东向西的穿村公路沿线布满了不同民族的宅院，其间不同的建筑风格就预示出主人的不同民族文化背景。当然，其中也不乏多民族共同家庭。

第一节　民族结构概况

哈拉塔尔村的主要居民为哈萨克族和回族。从该村平安家庭报表的统计资料看，该村共有哈萨克族 65 户，占全村总户数的 41.67%；回族 45 户，占全村总户数的 28.85%；东乡族 19 户，占全村总户数的 12.18%；维吾尔族 15 户，占全村总户数的 9.6%，汉族 12 户，占全村总户数的 7.7%，一共 156 户（这一数字与 2006 年的农业普查数字有 2 户差异，中间涉及这两年迁入迁出户）。这些统计数据是按照户主的族别进行登记处理的，这其中无法反映出一些非户主的少数民族人口数量。即便如此，也能让外人一眼看出该村的多民族聚居特色。

村里的哈萨克人主要是当地阿勒泰地区哈萨克人的后裔（见图 4 - 1）。此外，也有通过通婚、搬迁、调整工作等多种方式，从周边地区迁居此地的。但主要的还是占当地

80

大多数的加德克部落中的巴依哈拉小部族。他们长期在该地区居住，十分熟悉并热爱这片土地。村里的生活方式已经改变了哈萨克人传统的游牧习惯，农业生产成为主要的收入来源。一些哈萨克人出于对传统生产、生活方式的怀念仍然从事放牧工作，但主要是为村上的其他人代牧，收取代牧费用。由于哈萨克人在农业种植方面并不擅长，村里较富裕的哈萨克人往往都同时拥有大量的牲畜产品。这也反映出该民族典型的民族特征。

图 4 - 1　哈萨克族妇女（摄于 2007 年 9 月 10 日）

回族是哈拉塔尔村第二大民族（见图 4 - 2）。从其民族成员来源变化情况看，该村的回族除一部分为当地世居多年的本地"回回"外，更多的是通过联姻、投亲靠友、外出务农等多种方式融入，并通过与当地村民通婚、融合，形成了独具当地特色的回族群体。回族是一个以伊斯兰教为共同信仰、特色突出的民族。历史上的回族就是一个融合了多个民族成分的民族，分布广泛。如今的哈拉塔尔村回族群众也坚持民族团结与相互融合的传统。在坚持共同的伊斯兰教信仰的前提下，村里的回族也与同样信仰伊斯兰教的哈萨克族、东乡族、撒拉族、维吾尔族等相互通婚，组成了多民族家庭。在哈拉塔尔村，另一个十分突出的特色是，回族人口数量在村人口总量中的比重呈现出逐步提高之势，且年轻人居多。这部分反映出当地外来回族人口数量增加的状况。当地的回族村民主要从事的依然是简单的农业和家庭牧业，也有少量从事商业和外出务工、开店、从事服务业等第三产业活动。这些都很好地改善了村里村民的生活水平，也拓展了大家的视野。

图 4－2　回家省亲的回族妇女（摄于 2007 年 9 月 11 日）

东乡族是哈拉塔尔村第三大民族。东乡族因居住在甘肃省临夏地区的东乡而得名。旧称"东乡回回"、"东乡土人"、"东乡蒙古人"、"蒙古回回"等。东乡族是信仰伊斯兰教的色目人和蒙古人的后裔，因此，信仰伊斯兰教是东乡族的重要特征。哈拉塔尔村的东乡族群众继承了本民族优秀的经营传统，在积极从事农业生产的同时，又很好地利用当地邻近县城和旅游经济发达的现状，考虑到村上土地资源有限的制约，开展了卓有成效的养殖、商业和运输业等多种行业增收创业。从该村的综合状况看，东乡族群众的生活水平和收入水平整体处于较高位置，有几户东乡族群众还处于全村富裕户行列。前东乡族村干部就用自己的生动例子说明了这种情况：我本人不靠土地过日子，基本上靠养殖业和运输业，拉沙子、拉砖。村里人也租用我的车进行运输活动。但本村没有其他人家像我这样依靠运输或农业机械从事其他（行业来获取）收入的。

村上还有一部分维吾尔族（见图 4-3），他们有些是本地土生土长的，但更多的是从外地过来的，其中包括南疆、东疆和伊犁等地。这些维吾尔族人口往往通过与当地哈萨克族通婚的方式逐渐融入当地生活，在生活习惯、语言、生产习惯等诸多方面，都已经完全本地化。如果不是十分刻意地去观察和询问，外人不大容易看出其间的差异。实际上，哈拉塔尔村维吾尔族人口与其他多民族人口的混居、

图 4-3　来自喀什的维吾尔族大妈（摄于 2007 年 9 月 12 日）

通婚情况是整个阿勒泰地区十分典型的，也是对新疆民族和谐、团结互助的一个生动反映。

汉族人口在该村也占据一定比例。可以看出，这里的很多汉族人口来此居住的时间并不长，有些还是近几年因为改革开放后来到这里寻找工作和生活机会才搬迁而来的。村里有几个汉族老人是当年解放新疆、建设新疆初期来到这里的，他们在这里贡献出自己的青春，但现在年老后子女都离开村子，他们只能独自居住在这里，继续守护着这片为之奋斗终生的土地。村里的汉族人基本较为集中地居住在村子的东北部分，除了农业生产外，也从事养殖业（包括养牛、羊、鸡，甚至猪）和服务业，或者外出打工。村里的汉族人生活水平差异较大，有几户人家收入较高，能供孩子外出读书、念大学，并实现大城市就业。但也有几户汉族人处于享受五保户或低保户的状态。有的是因为没有子女，自己年岁太大；有的是因为家里有生病人口，无法工作，造成全家贫穷。这些都成为村里干部关心的重要对象。在攀谈过程中我们也发现，村里的汉族人对村上土地资源有限的情况认识十分清楚，为获取更多收入，年轻的汉族人口大多前往大城市，包括乌鲁木齐甚至内地城市，寻找就业机会和学习机会。我们在村里调研期间，就无意间碰到几个非常年轻的汉族青年。一个女孩子常年在乌鲁木齐、克拉玛依等疆内大城市从事餐饮服务、酒店管理或帮忙个体看摊等工作；另一个男孩子则长期在广东、四川等地学当厨师的技术，据说主要是学习各地不同风味的火锅，而且已经有了一定的经验，足以支撑独立门面开张营业。当然，这两个年轻人借秋高气爽之际回家探亲才与我们巧遇，村里更多外出务工的汉族青年则处于常年在外的状态，有的甚至多年未回过家。

保安族在村里也占有一定比例，且主要为女性。出于对我们调研工作的兴趣，有几位妇女一直尾随我们的调研活动，并在经过我们明确解释后热心参与了我们的调查工作。这其中就有一位保安族中老年妇女。我们的调查人员还专门为其拍摄了照片（见图4-4）。保安族的历史渊源久远，主要居住在内地的青海、甘肃等地。我们在村里看到的几位保安族主要是通过婚嫁方式来到该村的。他们的到来丰富了当地的民族成分，也促使地区民族团结、融合得到了进一步发展。

图4-4　热情的保安族妇女（摄于2007年9月12日）

布尔津县隶属阿勒泰地区，是伊犁哈萨克自治州下属地。尽管有诸多民族成分的存在，却并未影响到哈拉塔尔村各民族之间的关系，大家兄弟一家，和睦相处。共享清真寺及其活动是这种融洽关系的最好证明。中华人民共和

国 1954 年《宪法》之"序言"中明确规定：我国各民族已经团结成为一个自由平等的民族大家庭。在发扬各民族间的友爱互助、反对帝国主义、反对各民族内部的人民公敌、反对大民族主义和地方民族主义的基础上，我国的民族团结将继续加强。国家在经济建设和文化建设的过程中将照顾各民族的需要，而在社会主义改造的问题上将充分注意各民族发展的特点。

《宪法》的第一章中明确写道：中华人民共和国是统一的多民族的国家；各少数民族聚居的地方实行区域自治。各民族自治地方都是中华人民共和国不可分离的部分。

在经过修改完善的 1982 年《宪法》"序言"中明确提出：中华人民共和国是全国各族人民共同缔造的统一的多民族国家，平等、团结、互助的社会主义民族关系已经确立，并将继续加强。在维护民族团结的斗争中，要反对大民族主义，主要是大汉族主义，也要反对地方民族主义。国家尽一切努力，促进全国各民族的共同繁荣。

民族区域自治政策在强调少数民族聚居地区实现区域自治以便实现更好发展的同时，也要求中华民族的各个组成部分能为共同缔造统一的多民族国家而共同奋斗，维护多民族团结局面，加强社会主义新型民族关系，努力实现全国各民族的共同繁荣。这一基本信念与要求在哈拉塔尔村得到了良好的贯彻与落实。整个村子的社会团结情况还是很好（的）。社会治安状况也很好。

团结和睦奠定了良好发展的基础。但在这种和睦背景的背后也存在一些不和谐因素。针对村里近年来告状多、一些人是非多、村干部流动变化多的状况，一些村民就认为这是少部分人造成的，而且也与村里贫困有关系。有些一心为民的少数民族老干部对此很失望。他们认为与其上台后辛辛苦苦为民服务却被人误解，不如老老实实回家自己干活。这就造成村上一些少数民族村民不愿出头担任村干部。调查发现，村民们并不认为上述问题牵扯到民族关系或民族矛盾，最多也就算是村民内部纠纷，但可以看出，这些问题多多少少还是会对村里的民族团结工作产生一定影响，至少容易产生不同民族间的不信任或猜忌。

第二节　居住格局

哈拉塔尔村是一个沿河谷建成的村落，处于河流与国道之间的三角地带，各方面条件十分便利。这也是造成该地区很早就有人聚居的重要原因。河流为村民生活提供了生产、生活用水，道路为村民提供了便捷的与外界沟通交流的条件，也有利于产品的输出输入。在调查中我们发现，该村 52 份被调查问卷中，有 34 份显示为土生土长的新疆人，占总卷数的 65.4%。在 18 份移居新疆的调查问卷中，年代最早的是 1955 年，最晚的是 1996 年，其中 20 世纪 50 年代有零星人员迁入，调查问卷显示基本为每年 1 户。至 20 世纪 60 年代，迁入人员数量有所增加，1966 年为最高值，达到 5 户。其后情况骤然减少，至 20 世纪 90 年代略有回升（见表 4 - 1）。

表 4 - 1　哈拉塔尔村不同年份迁居新疆户的数量与比例
（调查问卷统计数据）

单位：%

年份	户数	占调查问卷（52 份）比例	占迁居户（18 份）比例	累计比例
1955	1	1.9	5.6	5.6
1958	1	1.9	5.6	11.1
1959	1	1.9	5.6	16.7
1960	1	1.9	5.6	22.2
1961	2	3.8	11.1	33.3
1964	1	1.9	5.6	38.9
1965	2	3.8	11.1	50.0
1966	5	9.6	27.8	77.8
1973	1	1.9	5.6	83.3
1985	1	1.9	5.6	88.9
1994	1	1.9	5.6	94.4
1996	1	1.9	5.6	100.0

　　哈拉塔尔村村民基本根据居住时间的差异和民族的不同有着简单的分片居住，形成不同的居住区域。村里的哈萨克族基本上沿穿村公路自东向西分布，且村西居多。他们的住宅具有典型的阿勒泰地区哈萨克民族风情。一个简洁的院落中，一般都会有一个配备主卧室、会客厅和小卧室的平房，面积 30 ~ 60 平方米不等，房屋建筑有的为砖混、砖木结构，也有的仅为土木结构。院子里一般还有一个类似帐篷的厨房，里面如果空间足够大还会布置一张床，可以用于小憩。长期务农和养殖的人家还会在院子里准备一个放置农业机械的储藏屋或有一个牛羊圈。一个小小的院落就此满满当当，进出的通道就是那小小的木栏杆或铁皮做成的院门。

　　哈拉塔尔村的回族和东乡族基本上聚居在村子的中部，即清真寺、村委会和学校附近。作为村里的主要居民，回族和东乡族的房屋一般变化较大。很多人随着近年来的逐步富裕开始将房屋重建和修缮作为一项重要的家庭工程。在偌大的院落中，主人的房屋和厨房是比较显眼的建筑，而且很多都是经过一定的装饰、装修，功能性比较明显。因为去的时间正值秋收，很多人家院子里堆放着各种农产品，油葵、玉米，个个金灿灿的，十分诱人。条件稍差的人家还会把这些收获放到村委会西边的草场上晾晒。在很多回族和东乡族人家，你还会发现巨大的牲畜棚，上面有时还堆放着厚厚的冬草料。这些主要用于冬季牛羊过冬使用。这些村民的院门基本为铁皮制，院子里还不时会传出看门狗叫唤的声音。

　　村西头也有几户回族和东乡族人家（见图4－5）。他们的院落一般较小，而且看得出房屋修建年份略早。为了美化环境，有的人家会在院子里种植一些果树和农作物，同时在通往屋子的院落小路两旁种植一些花草，盛开起来十

图4－5　精心打理的村民院落（摄于 2007 年 9 月 12 日）

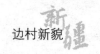

分鲜艳，凸现出村民们热爱生活、享受生活的情趣。

汉族居民户在这个村子里较少，主要集中在村子的东北部。汉族村民的房屋主要体现出北方农村民宅的基本特征。除了一间主宅外，旁边会有一些简单的牲畜或家禽的栏舍，院子里会有些花草树木，还会摆放一些桌椅什么的，有的就是石头简单磨制而成。门栏两侧悬挂着农业丰收的产品：玉米或辣椒串，显示主人的农民身份。老一辈辛辛苦苦的耕作留下了这片家业，但新一辈却往往努力寻求新的发展。他们更多地会通过考学、外出务工等方式，离开古老的村子和年迈的父母，走入城市。总体来看，村上的汉族房屋很多明显修建年代较早，有些贫困人家房屋破损严重，基本属于危房或临时搭建的土坯房。响应县乡搬迁该村的工作安排，一些汉族居民也考虑将新宅建设到新分的土地上去。这也影响了当地汉族村民修葺旧房的热情。

尽管存在以上简单的小聚居，但总体看，这种分片居住的划分并不严格，甚至很多地方存在着混杂和交叉。当地村民并未因为民族的差异感觉在居住和生活等方面有什么不适应，这也影响到他们对居住划片的态度。目前的小聚居形成有历史原因，也有的是家族相邻而居的便利考虑而已。由此也不难看出，当地的民族团结工作的的确确很到位，成效显著。

第三节 民族交往

各民族相互交往是体现民族团结与和睦的重要方面。在哈拉塔尔村的调查中可以发现，尽管这是一个拥有 8 个民族成分的多民族聚居村，但村民们对民族交往的认识和态度却并未有太大差异。在相互学习与帮助、相互理解与通融等方面，几乎可以得到100%的正面答案。

在52份被调查问卷中，有27份回答选择了会其他民族语言，占被调查者总数的51.9%。这些能使用其他民族语言的答案中，有4位维吾尔族和7位东乡族被调查者全部选择了会其他民族语言，比例高达100%，所会的语言主要是当地普遍使用的哈萨克语。被调查的20位哈萨克族居民中，会其他民族语言的有5位，占25%。这些会说其他民族语言的多为汉语，其中还有一位哈萨克族被调查者既会汉语也会维吾尔语。汉族、回族和保安族居民的调查问卷分别为8份、11份和2份，会说其他民族语言的份数分别为3份、5份和1份，分别占本民族调查问卷总数的37.5%、45.5%和50%。他们主要会说的其他民族语言亦为当地通用语言——哈萨克语。

在是否愿意自己的孩子学习其他民族语言问题上，有47人的答案是愿意，占到了被调查问卷数的90.4%，只有2人表示反对，占3.8%，另外有3份问卷分别为无所谓和答案缺失。维吾尔族的4份问卷显示，希望孩子学习其他民族语言的依次为哈萨克语、汉语和英语，且多为多选项。20份哈萨克族问卷中，除1份缺失答案外，其余19份问卷中有18份选择希望孩子学习其他民族语言第一位的是汉语，即便是选择第一位为英语的那位村民，也在第二位的选项中填写了汉语。许多哈萨克族村民将英语、维吾尔语、俄语等作为希望孩子学习的第二种其他民族语言。这也说明了村民尤其是当地的哈萨克族村民开始有了强烈的与外界沟通与交流的意识，并看到了语言作为基本交流手段与工具的重大作用。在剩余的汉族、回族、东乡族和保安族问

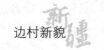

卷中，愿意让自己孩子学习其他民族语言的主要为哈萨克语，这也符合当地哈萨克族自治地方的现实状况，说明了语言在日常生活生产中的重大作用。在第二位的选项中，有些人填写了蒙古语、维吾尔语、英语和俄语，多少也与当地对外交流的现状和村里居民的实际情况有一定关系。这充分反映出该村多民族构成的语言多样性。

除学习其他民族语言外，与其他民族交往也是判断民族关系好坏的一个重要方面。当被问及是否愿意与其他民族交往时，有50位被调查者表示愿意，占被调查者总数的96.2%，只有1位表示不愿意，1位没有明确表态，这两位分别为1973年和1994年移居过来的中年妇女。两人都不会其他民族语言，与其他民族村民交往过少和不掌握其他民族语言是她们形成这种观念的主要原因。

回答愿意交往的其他民族的具体名称时，答案因村民的不同，民族属性有所变化。4位答题的维吾尔族村民的主要选择按重要性和数量排序依次为哈萨克族、汉族和回族。20位哈萨克族村民中，选择第一位为汉族的有18位，占被调查哈萨克族村民的90%，即便是在将第一选项给予柯尔克孜族和回族的另外2份答卷中，汉族也占据了第二位。在愿意交往的其他民族排序第二位的选择中，这20位哈萨克族村民中有8位选择了回族，6位选择了维吾尔族。这也多少与村里的民族分布状况紧密相关，深刻反映出当地哈萨克族人口对民族团结与和睦共处的美好愿望和清醒认识。8位汉族居民答卷中主要选择愿意交往的民族依次分别为哈萨克族、回族、维吾尔族等。11份回族村民的答卷中愿意交往的其他民族按重要性分布依次为哈萨克族、汉族和维吾尔族，其中哈萨克族占绝对多数。东乡族和保安族的选择主要为哈萨克族、汉族、回族和维吾尔族。

　　当然，在与其他民族村民交往过程中，也会遇到各种难题。这些障碍的存在也制约了不同民族间的进一步相互协作与沟通。在回答交流中的主要障碍是什么时，得到最多的答案是语言不通，达 31 例，占所获取的 68 例答案中的 45.6%，占所有 52 份问卷中的 59.6%。语言在不同民族群众沟通中的巨大作用由此凸现。对风俗习惯不同和信仰宗教的差异带来的障碍分别位列第二和第三，分别占 68 例问卷调查的 16.2% 和 11.8%，占被调查 52 份问卷的 21.2% 和 15.4%。认为对方不尊重我民族的也有 3 例，认为其他民族应当自觉相互尊重的也有 2 例。当然，还有一个较大比例来自一种相对普遍的观点：不存在什么障碍。持这种观点的人数为 13 人，占 68 例问卷调查的 19.1%，占被调查 52 份问卷的 25.0%，是整个问题中数量位列第二的答案。这说明当地很多村民仍然十分肯定该村的民族团结和民族共生工作，对和谐的民族氛围持十分积极认可的态度。

　　村民们还回答了问卷中几个简单的问题，其中最突出的答案是，100% 的村民都认为自己是中华民族的一员。强烈的国家认同和中华民族认同是获得如此结果的重要保证。除了 2 例外，有 49 位受访者愿意学习其他民族（不包括外语）的语言，这一比例也高达 92.3%。

　　对于族际通婚问题得到的答案有较大差异。有 37 位受访者认为，年轻人应该和同一民族的人结婚，但如果为同一宗教信仰者（如穆斯林），也可以考虑婚姻关系。这一数字比例高达 71.2%。认为年轻人可以与不同民族人结婚的有 12 例，占 23.1%。其余为说不清楚或缺失答案的问卷。实际上，在哈拉塔尔，村民彼此间存在着大量族际通婚的现象，很多家庭本身就是典型的多民族家庭。村民对这一状况也并不明显反感或排斥，有些甚至表示了积极支持和理解。

在调查问卷中，村民们对该村民族关系状况给出了明确看法（见表4-2）。

表4-2　村民对该村民族状况意见统计（调查问卷统计数据）

	人数（人）	百分比（%）
很　好	25	48.1
较　好	20	38.5
一　般	2	3.8
不　好	1	1.9
很不好	—	—
不清楚	2（另有缺失答案2份）	3.8（+3.8）
总　计	52	100.0

从表4-2中可见，村民对该村民族关系持满意态度的占绝大多数，比例超过85%。而认为该村民族关系状况"很不好"的选项为"零"。这说明村里的各种问题和事件与该村良好的民族关系状况无关，也未对该村民族和谐大局造成损害。

第四节　多民族家庭和民族
团结典型案例

哈拉塔尔村是一个多民族聚居村。在这个村子里，有很多家庭是多民族组合而成，并且大家对此并未感觉有什么不妥或不适应。

多民族家庭典型案例如下。

个案 4 - 1

村上一位前东乡族村干部告诉我们：村里有几家东乡族，人口不多，但我们家里民族成分多。我媳妇是东乡族，但其他东乡族有娶回族的，我兄弟还娶了哈萨克族（媳妇）。我们没有感觉到多民族家庭会有什么不适应的。孩子之间也很融洽。

个案 4 - 2

我们走访村里老人萨米·阿合木扎时了解到，老人是哈萨克族，1940 年出生，已经 68 岁，从冲乎尔迁居至此 30 余年了。爱人是维吾尔族（父母分别为维吾尔族和哈萨克族），来自喀什，有 8 个孩子，6 男 2 女，5 个孩子已经成家，2 个女孩出嫁，现只有 1 个男孩和老两口一起生活。

而在村里其他人家访谈过程中，我们发现类似这种多民族混合家庭情况较为普遍。

个案 4 - 3

59 岁的热河什的丈夫叫耶斯穆拉提，塔塔尔族，但已经在 1985 年去世。

个案 4 - 4

54 岁的穆海是维吾尔族，妻子萨比拉，34 岁，哈萨克族，残疾人。他们有一个可爱的儿子，4 岁，身体健康。

个案 4-5

65 岁的瓦提罕大妈是哈萨克族，中学文化，有一个儿子，丈夫叫加帕尔，维吾尔族。

个案 4-6

73 岁的老妇联主任阿米娜家也是多民族构成。阿米娜是乌孜别克族，但她的丈夫和孩子是哈萨克族，所以我们有时候能在她的各种材料上看到维吾尔族或哈萨克族的民族成分登记。

类似上述情况的多民族家庭实际上在这个村子里还有很多。

民族团结典型案例①如下。

个案 4-7　哈拉塔尔村民族团结
先进人物哈依沙

回族青年木沙与汉族姑娘李娟真心相爱了，因为民族风俗不同，双方老人、亲属一致反对，这对恋人无奈下找到了哈依沙。经过哈依沙细致的思想工作，终于说服感化了双方的老人，一对痴心恋人终于走到了一起，小日子也越过越红火。哈依沙老人成为这对恋人的恩人，逢年过节他们总少不了去探望老人。

哈依沙老人在村里德高望重，威信高，但他却从不摆

① 新疆新闻在线，http：//www.xjbs.com.cn/cgi-bin/GInfo.dll？DispInfo&w = xjbs&nid = 309537。

架子。一切服务于村民是他的处事原则。通过木沙与汉族姑娘李娟的结合，哈依沙老人意识到各民族交流的重要性，只有交流沟通了，才能加深了解，促进团结。于是每逢重大节日，他都号召组织开展有益于民族团结的活动，给不同民族的村民提供一个互相交流、互相沟通的机会。一次次的节日座谈会、茶话会、发家致富经验交流会、民族风俗表演会等，让各民族实现了由感情融合到共同发展的经济融合。现在村里不懂养殖的村民学会了养殖技术，不懂种地的村民吃上了自己种的蔬菜，各族群众互相帮助，互相学习，取长补短，一起进步，一起响应党的号召，共同建设小康社会。全村呈现出一派春和景明、国泰民安的景象。

第五章　宗教信仰

哈拉塔尔村历史悠久，且距离主要县镇很近，而且村民也以哈萨克族、回族、东乡族、维吾尔族等民族为主，这种历史、民族与地理位置的特质决定其宗教信仰活动具有典型地域和时代特征。

第一节　哈拉塔尔村的宗教活动
场所与宗教人士

哈拉塔尔村的宗教活动场所是位于村中心位置的清真寺（见图 5 - 1）。新建的通村柏油路就从清真寺窗外穿过，隔马路斜对面是新的村委会办公室。清真寺基本位于该穿村柏油路的中间地带。这种位置布局也反映出当初建设该寺时当地人追求便利的初衷。

哈拉塔尔村清真寺是一个新教、老教合并的伊斯兰教寺，占地 2860 平方米，始建于 1979 年，当时为土木结构建筑。1993 年 6 月的洪水袭击，使房屋严重受损，1995 年该寺进行了维修，仍维持土木结构。经历数十年风吹雨淋，旧的房屋已经基本倒塌，只留下后院一段残垣断壁依然勉强看得出当年清真寺的痕迹——凹进去的弧形建筑使人想象得出这里曾经是礼拜者面向的地方（见图 5 - 2）。

图 5 - 1　哈拉塔尔村清真寺外景（摄于 2007 年 9 月 10 日）

图 5 - 2　旧寺的断壁残垣（摄于 2007 年 9 月 10 日）

　　我们调研时，该村清真寺已经在 2006 年重新修建，大殿面积 144 平方米，为砖混结构，外墙贴砖，房顶琉璃铺设，屋角有水泥浇注弯月形状。

　　清真寺有多扇宽大的玻璃窗，走入室内，你会感到非常光亮。室内为白色粉刷墙面，被分割为两间，进门一间

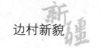
较为狭长的,为礼拜者用于更换服装、鞋子的地方。里间为礼拜室,地上铺着地毯,非常华丽。屋顶为塑料扣板吊顶,采用双日光灯管嵌入式装饰,室内暖气片环绕,显示为土暖气结构。屋子中间有两根柱子,也用瓷砖镶嵌,用以支撑着整个礼拜堂的架构。门口处有几排挂衣钩,可以解决大家天冷穿外套时挂衣服之用。礼拜堂西墙的中间是一个弧形凹口,指向朝拜的方向。凹口前有一个小的白色毛毯,用于清真寺阿訇领颂和讲解时使用。在他的旁边,有一根弯曲的棍子斜立在墙上。再上方,则为一个带有时间、日期、温度等信息的万年历挂钟。

大殿南侧靠路边为一排土木结构建筑,是寺院管理者的生活起居场所,包括办公室、卧室、伙房等,占地面积114平方米。院子里有花圃,种植着一些适宜当地生活的花朵。后院还没有收拾出来,零乱地生长着各种植物,显得杂草丛生。整个寺院的日常管理基本上依靠管理者包依拉斯完成。多数房间较为空荡,只是在办公室兼阿訇马国华卧室的房间里有一个土炕。炕上摆着一张桌子,上面放满了各种各样与宗教有关的书籍(见图5-3),以及各级政府的相关文件、规定和各种宣传图册,还有一个小台灯与小闹钟,显示着主人不断学习的兴趣爱好和刻苦用功的精神。炕上方的墙上悬挂着一幅地毯,描绘的是一座大型清真寺建筑,与进门上方的小经训挂毯相得益彰,很清楚地告知了屋主人的身份和地位。

狭小的房间里还有一些其他东西。北墙上挂满了各种宣传栏,墙角的一个小桌子上摆设着该清真寺近年来获得的各种荣誉(见图5-4),包括1995年国家宗教事务局颁发给该寺的"宗教活动场所登记证",登记号为0057,以及

图 5 - 3　寺主人的研修材料（摄于 2007 年 9 月 11 日）

图 5 - 4　哈拉塔尔村清真寺的荣誉（摄于 2007 年 9 月 10 日）

杜来提乡党委和统宗办 2006 年 4 月授予"哈拉塔尔清真寺 2005 年统战、宗教工作中被评为五好清真寺"的奖状。

　　清真寺日常容纳量为 26 人，但从整个建筑情况看，其容纳量远远超过这个数。我们调研时该村在县报表中的清真寺伊玛目或阿訇为马国华。而在此之前，则为剡常明，男，回族，1973 年出生，杜来提乡哈拉塔尔清真寺阿訇，

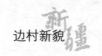

初中毕业，1998年起开始任职该寺，2002年延聘。在另外一份材料中，我们看到，该村一位1928年出生的哈萨克族伊玛目孜拜拉已经去世。

从各种信息渠道，包括各级政府、清真寺的工作人员，以及村里的普通村民，我们得知该村清真寺多年来一直问题较多，尤其是难以协调好村里不同教派之间的矛盾与冲突，经常卷入一些不必要的村务纠纷中。为很好地解决这一困扰多年的难题，县乡各级政府与当地群众和清真寺人员一起，从各地物色合适的清真寺阿訇人选，并于2005年从冲乎尔乡请来了现在的清真寺阿訇马国华。

马国华，现年42岁，初中文化程度，甘肃河政县人。1979年毕业于罗家集学校（中学）。1980年1月到罗家集培加特清真寺学经8年。毕业后到宁夏南关清真寺读书3年。临夏县伊机乡马莲滩清真寺学了3年，师从科克阿訇（70多岁）。1993年到布尔津县冲乎尔乡投奔亲戚，安家落户，主要是做生意。

个案5-1　村宗教人士清真寺阿訇马国华访谈

家里亲戚（舅舅）是本地的农民，1964年过来的。我们当时（1993年）来的时候是想着能挖金子、收皮子，当时已经在家乡结婚了，是1986年结婚的，有3个儿子。在冲（乎尔）乡待了14年。生意做到2005年。在那里没念过经，没当过阿訇，也没露过（阿訇的）面。家里亲戚知道我念过经，但不知道我的水平到底有多少。

我没证书，也没想过要当阿訇。新疆有阿訇考试，我遇到过很多次，但没有去考试过，主要是不想要去做阿訇。老家清真寺里学经的人比较多，只有达到一定程度的才能受聘用，拿到那个证书。

我去学经主要是机会问题，我毕业那会儿国家刚开始实施改革开放，出现宗教热，就凑热闹学了。

到这里来是特殊情况。直到 2005 年这个村一直没有阿訇，也找不到合适的阿訇。通过别人介绍和推荐，这里的人，寺管会和村书记等，找到冲（乎尔）乡，要求我过来。当时我的家庭条件差，没地，家里六口人（还有一个丈母娘），孩子又多，我拒绝了。这里的人去了几次，又找人，我实在没办法了才过来的。

我没有考过阿訇证，家庭条件差，本人性格上也比较单纯，不习惯现在社会上的种种迎来送往的东西。现在国家要求没有阿訇合格证的不让当阿訇。所以我不具备过来的条件。但这里的人要求我先答应，其他的由他们向上申请。后来县人大有批文。

他们请我来主要因为我当年读经书的时候也算是尖子生，有一点儿名气的。为了请我来，他们从元月份一直坚持到三月份。

这个村的清真寺矛盾很多，是全乡挂号的最乱的清真寺。我来之后要求先给自己一个合格的身份，这里经过村、乡和县三级审批，最后县人大给了一个批文。这几年还没有参加新的阿訇考试，还是没有拿到上岗证。

尽管没有阿訇上岗资格证，但我还是知道清真寺里一些基本要求和情况。我在老家的时候一直在清真寺里。在新疆十多年没有当过阿訇，没有参加过培训等类似活动，但对于国家有关宗教政策还是比较熟悉、了解的。

对自己的经济利益来说，做生意要比当阿訇好。做生意我每年挣了不少钱，几万元，但对本寺来说，对教民来

说，对整个局势来说，对社会价值来说，我觉得虽然每个月只有 400 元工资，但对社会还是值得的。我从 2005 年来到这个村的清真寺后，这里的民族团结和社会情况没有出现过问题，而且在此基础上很多原来的矛盾也都化解了。

我做到以上这些的主要手段是，站在阿訇的角度，对所有教民采取一律平等的态度，比较公正地处理问题。村上出现的各种问题不牵扯到我，作为阿訇，我主要负责清真寺里的问题，如教民的事情和人与人之间的矛盾等。很多人都来我这里讲述一些情况。汇总之后我作为阿訇给一个自己的判断。我不去评判谁对谁错，而是根据不同教民的性格和情况，拿着《古兰经》、《圣训》去给他们讲解。

平常在清真寺我给自己的教民讲《古兰经》。现在是斋月，主要讲斋月问题，其他类推。主要根据季节变化讲团结和睦等方面的问题。

新疆新编的《卧尔滋》和我当年学习时接受的东西相比，经文是一样的，但对其解释有汉文和阿文对照。这个《卧尔滋》符合当前政府要求宗教要与社会主义社会相适应的基本政策，比较合适，容易联系到现在的"八荣八耻"等内容，比较容易演讲。

从一个普通村民变成阿訇，我感受到身上巨大的责任。我家里人多，但一般我过来都得住上 20 ~ 30 天的，不能离开寺。寺里的事情多，而且一旦离开，我心里又很放不下，总担心这里会有什么问题出现。

考虑到这个地方人多地少，也不允许我搬家过来。比较来说还是冲（乎尔）乡好，挣钱容易。这些年随着旅游业的发展，摆摊、租马和在旅游景点做生意都比较容易挣钱。我媳妇现在在家，两个儿子已经学校毕业了，在做生意，但没有去学经。两个孩子都是汉族学校毕业，初中毕业。现在和其他回族一样挖药、养马等。今年（2007年）大儿子22岁，未婚；老二20岁，老三19岁，还在读初中。

阿訇在村清真寺工作一年只能拿5000元，一个月也就400元多一点儿。工资不高。现在只能尽量两头挣钱，家里主要靠两个儿子。我现在订了5年的合同，基本上三周回家一次。骑摩托车来回。摩托车是自己的，油料钱也自己出。来回很辛苦。

但我现在心情还是很高兴的。我们这个村子现在比较团结，也没有大的问题，群众也没有对阿訇反映更多情况。整体情况还不错。我的任期是5年。我希望这5年有个圆满的结局。

对于我5年之后的去向我自己说了不算，得博得教民和政府的认可。如果他们觉得我可以，认为我这个阿訇合格，要求我继续连任的话，我会继续干好这份工作。但如果大家都认为我这个阿訇工作不行，我当然就得走人。

我还没考虑以后，哪怕是继续连任后是否把家搬过来，主要原因是一方面孩子们还没结婚，家里很多事情还没着落，另一方面以后的事情变化大，虽然我们非常希望把事情往好里干，但有时候人算不如天算，随时会有想不到的事情发生。说实话，心里还是有点儿害怕。

如果上级政府考虑到我的家庭困难，在冲（乎尔）乡没有地，能够适当地根据本地情况给一些基本生活安排的话，也可以计划将家搬过来。但我自己不会主动申请或要求。冲（乎尔）乡挣钱还是比这里容易，旅游收入（挣得）容易。

我现在的收入没办法养活家里，主要靠儿子挣钱，挖

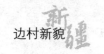
虫草、租马，就几个月，可以挣3万多元。我两个儿子学了厨师，冬天可以去克拉玛依等地挣钱。北京、乌鲁木齐和克拉玛依等很多地方都去过。几乎每年都换地方跑。夏天挣钱，冬天出门学精手艺，顺便挣钱。

这里来学经的人没有，上面还有其他的清真寺。即便是有阿訇资格证也不允许带塔里甫，得宗教局批准。这个寺里做礼拜的人数一般为一天10多人，周五多一些，30多人，两节更多，120多人，这个村里哈萨克族和维吾尔族人口多，也都在这个寺里做礼拜。平常周五礼拜的时候有那么1~2个哈萨克人常来，老人。年轻人周五不来，不念经。这个寺院子里基本够用了。没有女的来做礼拜。

这里有三四个教派，如哲合仁耶、花寺、白庄、新派。我们这个寺以新派为主。这几个派别间没有利益冲突，即便有，我也挡着不让说。

这个村有53户回族。我学经的时候学的都是小坊。目前为止老派对我没意见，作为外来人员我们之间没有根本利益冲突。35~36户小坊，因此说这个村基本以小坊为主。此外，白庄7~8户；花寺3~4户；哲合仁耶5~7户。

尽管我们以小坊为主，但我不区别对待，从来不强调教派差异。我只是讲授《古兰经》，绝不站在某个教派立场上讲授经学。

百姓家里有红白喜事需要念经的时候，他们来请我我就去，不区别民族和教派。我们村里有哈萨克人自己的阿訇。

哈萨克人念经的时候在家里念。临时办事情需要的时候叫我去（我就去），我过去念个经而已。

一般碰到被叫去念经的时候也有给钱的，但在农村，

给 3~5 元，最多 10 元。百姓家庭都比较贫困。"尔地"的
时候本村的回族家里我基本都去。也有的老派念，新派不
念，互相给念一下的，不一样。相互体谅，相互尊重，互
不伤害。

我这些年的主要工作之一是化解矛盾。解决较多的还
主要是回族内部的各种问题，也包括清真寺里的矛盾。发
生的面广，人们对阿訇态度不一致。我来了之后大家对我
基本没意见。他们对我的经文学识很佩服，拿不住我。我
念经较准确，讲的也较好，他们比较服我。

以前有的阿訇经文不精通，经常被回族百姓问住，这
样就不具有权威，水平不够。

寺管会的管理者是包依拉斯，68 岁，陪过历任阿訇。

从 1979 年开始本村共有 8~9 任阿訇，第一个是宁夏的
阿訇。最满意的是现在这个阿訇，水平高。

另外还有一个阿訇，马成华，42 岁，从甘肃来的，我
们一个队上的，我的邻居，高中毕业，现在已经回去，干
了五年回去的，家里人在老家不得不回去。

现在党的宗教政策好。还是比较满意的。

我来之前，县里和乡里都说这个村子的清真寺问题多，
尽管我没有阿訇上岗证，但希望我能好好工作。

回族朝觐过一个妇女，很多年前了。

哈（萨克）族有一个老人，也过去很多年了。

两个朝觐者朝觐过程都很顺利。两人一前一后去的，
哈萨克族老人先去。

目前清真寺里面没什么问题。教派和谐。需要帮助的
地方就是我们清真寺资金困难，需要维修的地方多，村里
没有补助资金。寺里的柜子也需要换一个了。

全村贫困户占大多数，五保户也有几位。对他们我们也给予送温暖活动，有老人、寡妇、残疾等。

这里没有外面来的传教的，不敢来，村民也不接受。主要还是我们内部有一些问题和矛盾。

做丧事的时候，遇到派别不同、念经姿势不同的时候，一旦发现问题，基本上由我决定怎么来念经。既不伤害我们的团结，也不伤害我们的利益。教民尊重我的习惯，只要他信服我就不会反对。我尊重他的人格，他尊重我的风俗。《古兰经》是我们共同的准则。

由于历史较长，哈拉塔尔村清真寺的工作人员一直较为齐备。在村委会我们看到了一份手写的该村清真寺工作人员情况表，估计为2005年之前的清真寺人员分工情况报表如下：

浴（于）沙力　　1947年出生　　学东

马新军　　　　　　　　　　　　伊玛目

马青山　　　　　　　　　　　　寺管会会计

马付新　　　　　　　　　　　　出纳

而在村清真寺的墙上，寺管会机构成员的相片与姓名、职务都清楚地标注在那儿，上面依次为：

主任，马力克；

伊玛目，马国华；

会计，马福兴；

出纳，马青山；

管理员，包依拉斯。

　　在墙上悬挂的大幅宣传栏上，最上端清晰地写着宗教要与社会主义社会相适应。两侧则分别为："坚决拥护党的民族宗教政策，维护民族团结"、"严厉打击利用宗教进行民族分裂主义活动"。在宣传栏中，醒目地标示出与宗教活动及宗教活动场所和相关人士有关的一些政策规定和评判标准。

　　如"五好"宗教场所评选条件：

- 维护祖国统一，维护民族团结好；
- 遵守法律法规，宣传执行政策好；
- 健全规章制度，民主管理好；
- 兴办公益事业，实行自养好；
- 植树种花，环境卫生好。

"五好"宗教认识评选条件：

- 拥护党和政府领导，配合工作好；
- 遵守政策、法律、法规，贯彻执行好；
- 尊重不信教群众的合法权益，维护民族团结好；
- 维护宗教活动场所的安定，抵御境外宗教渗透，以身作则好；
- 积极参加公益活动，积极兴办自养事业好。

宣传栏右上方还明确注明了进入清真寺的"五个不带入"：

- 不得将个人和家庭矛盾带入；
- 不得将各种纠纷带入；
- 不得将婚姻、计划生育纠纷带入；
- 不得将18周岁以下的青少年带入；
- 不得将"三股势力"散布的言论和非法宣传品带入。

此外，还有规范宗教场所活动的"十个不准"和"十个必须"，以及"对非法宗教活动的十个坚决打击"。这些宣传内容对清真寺工作人员和当地信教群众而言，都是十分重要与必须的，语言精练，易于理解和接受。

第二节　村民的宗教生活

哈拉塔尔村村民对宗教活动还是具有一定热情和参与程度的。该村的回族和哈萨克族老人对参与宗教活动较为积极，并带动村里的其他村民从事宗教信仰活动。我们到该村清真寺调查时并不是周五，但却适逢下午礼拜时间。尽管村里人大多忙于秋收，依然有 8 位村民来寺里做礼拜。从装束上看，老年人居多，但也有 1~2 位看上去还算壮年的男子。几个年轻一些的礼拜者在结束行礼后就匆匆离去，留下几位年长者为我们介绍村里的宗教活动情况。

当地的主要宗教信仰是伊斯兰教。尽管距离乡较近，但尚未发现信仰其他宗教的情况。调查问卷显示，除了 8 户汉族被调查者之外，其余 44 户均认为自己信仰伊斯兰教，这些人包括回族、哈萨克族、东乡族、维吾尔族和保安族。实际上这一比例达到了 100%。而 8 户汉族则均填写此问题为"什么都不信"，也显示当地人接受外来宗教信仰活动影响较小。

在信仰伊斯兰教的群众中，有 16 户每年去清真寺参加古尔邦节和肉孜节的两节活动，占信仰户总数的 36.36%；其次是什么活动都不参加的，有 15 户，占 34.09%；每周去清真寺做礼拜的有 7 户，占 15.91%；每天去清真寺做礼拜的有 6 户，占 13.64%。

在全村 52 户答卷中，有 45 户认为当前是有信教自由的，占 86.5%，其余 7 户不清楚，占 13.5%。全村有 2 位老人曾经参加过国家组织的公派朝觐活动。对于是否希望参加朝觐活动，有 43 户问卷给出答案，其中有 7 户对朝觐活动非常期望，占 16.28%；有 21 户表示希望去，占 48.84%；有 14 户没有考虑过，占 32.56%；还有 1 户为不想去，占 2.32%。同样是这 43 户问卷，在回答"有条件的穆斯林是否都应该去朝觐"的问题时，有 28 户给出肯定答案，不同意的有 3 户，说不清的有 12 户。这也基本符合前面问题的统计结果。

在询问穆斯林群众是否需要给孩子们传授本民族的宗教知识时，给出肯定回答的 18 户，占 40.91%；不同意的 14 户，占 31.82%；说不清的 8 户，占 18.18%；另有 4 户没有回答该问题。

村里的清真寺是 1996 年重新修建的，砖混结构，且经过简单修饰，堪称全村最豪华的建筑。我们可以从寺院办公室墙上的公示表中清楚地看到，村民 2006 年古尔邦节为寺院捐助绵羊皮、山羊皮和牛皮等，折合人民币价值约 2766 元。2006 年维修寺院时，村民又纷纷捐款，最高的捐款 500 元，有 5 人，少的也有 3 ~ 5 元的，共计 89 人捐钱，总计金额为 7439 元。还有一些村民用油葵、黄豆、玉米等农作物作为捐赠物品，有些则既捐钱又捐物。

整个寺院基本依赖村民的这些捐款捐物维持。2006 年全寺收入总额为 35212.5 元，其中 2005 年余额和余粮款分别为 1898 元和 2939.5 元；2006 年粮食款 7506 元，现金 7454 元，捐款 7259 元，其他 3570 元；2006 年古尔邦节羊皮收入 2766 元，2005 年 1820 元。从支出上看，2006 年修

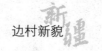

大殿的维修费和装修费等合计为 12629 元，电费 156 元，阿訇工资 5000 元，寺房款 2669 元，拉暖气 5000 元，拉煤炭 3203 元，拉阀 2635 元，贺礼 820 元。上述开支合计 32112 元。因此，2006 年寺院经费余额为 3100.5 元。

村里历年来参加国家组织的朝觐活动的一共有 2 人次。一次是 1987 年村民阿布开·台获准前往沙特朝觐，并成为当时较早出国朝觐的人员之一。另一次是 1999 年托胡塔勒汗获准出国朝觐。我们去哈拉塔尔村调研时，托胡塔勒汗已经搬出村子，前往子女处居住。阿布开老人依然健在。老人朝觐回来后于 1985 年获得自治区级劳动模范的光荣称号，因此成为该村享受国家"三老"津贴的老模范之一。

个案 5-2　朝觐过的老人阿布开·台

现年 91 岁，上过旧式学校。有 7 个孩子，3 个儿子，4 个女儿。

家里有 150 亩地（两个户口的地），共 10 口人。家族谱系是巴依哈拉部落—余帕科部落—勃拉伊拜部落—台奇—阿布开。

老人生在杜来提，作为普通村民在 73 岁时公派自费去朝觐过，花费了 3 万元。

朝觐是有点辛苦。但老人认为这是安拉的召唤，也就去了。

朝觐时得先去阿勒泰，到乌鲁木齐，然后汇集南北疆大约 280 人一起去北京（有维吾尔族、哈萨克族和回族等）。朝觐人员还在巴基斯坦呆了 12 天，然后坐专车去了卡拉奇。从卡拉奇乘飞机大约 4~5 小时后到了沙特阿拉伯。那里的人民很有秩序，讲文明。

朝觐者的衣服上都印有新疆朝觐团的字样，服装也是政府定做的，大概一共有8套。带回来了长地毯、念经毯、长袍，还有15公斤圣水，自己喝的水除外。

老人过去一直是劳动模范。是靠劳动致富的。从未占过公家的任何便宜。2005年我就是养殖500头羊的大户。

（19）90年朝觐回来后我捐款3万元用于建学校。

给乡里的清真寺也捐了2000元。

（19）97年被乡里评为劳动模范。

2001年被县里评为"抗灾救灾先进个人"（给灾区捐款了），同年被评为"三好家庭"。多年来一直坚持扶贫济穷。

去年（2006年）在150亩地上种植了黄豆，收获18吨。今年（2007年）种植了葵花，大概可收30~40吨。

1995年10月1日获得新疆维吾尔自治区人民政府授予的自治区级劳动模范奖。

1992年获得自治区人民政府颁发的"新疆捐资助学先进个人"。

1995年10月被评为"新疆40年建设事业作出贡献者"。

老人家里还有各种奖状、证书。其中包括：

1991年自治区教委、计委、财政厅联合颁发的荣誉证书，表彰阿布开同志"在自治区1990年更新改造中小学校舍工作中，关心教育事业，支持教育工作，热情捐资，造福后代"（见图5-5）。

1994年县委统战部和民宗局共同颁发的"五好宗教人士"荣誉证书。

另外还有乡里的各种奖励证书多项，涉及范围从劳动模范、民族团结到"三个千户"。

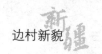

图 5 – 5　阿布开老人的荣誉（摄于 2007 年 9 月 12 日）

老人家的经营曾经很好。最好的时候耕地上百亩，牲畜上千头，是远近闻名的富裕户。曾经有过 2 辆大卡车、2 个小车，但因为曾打算搬迁去哈国，都卖了。现在只有 80 头羊、11 头牛、4 匹马、150 亩地。去年卖掉了 30 只羊、4 头牛、4 匹马、10 峰骆驼。去年在农牧业方面的支出为 23350 元，教育方面供两个孩子上学（一个新疆医科大学七年，学费 1 万元/年；另一个在阿勒泰一中上学，学费 12000 元）；医药费 2000 元，其他支出合计 7350 元。

去年的总收入是 109560 元，总支出是 47000 元。

第三节　宗教的政治与社会影响

宗教活动在这个偏远的阿勒泰村落有着较为深刻又深远的影响。哈拉塔尔村历史悠久，主要居民为信奉伊斯兰教的回族、东乡族、哈萨克族、维吾尔族。从改革开放之初建设该村最早的清真寺开始，当地人见证了宗教活动村民生活中政治与社会影响的变化过程。村里一位土生土长的东乡族群众告诉我们：

> 村里的清真寺时间很长了。1984 年经过县里批准，村里人集资盖起来的。是个回族寺，我们一般是两节时候去，其他时间不去。其他民族也一样。老人去的多，年轻人主要是两节去，其他时间去的少。老人们周五也都去呢。
>
> 现在的阿訇是外面来的。以前的阿訇是本地的，因为没文化，乱讲。现在这个有文化，对各个方面，政策方面掌握得比较好。现在的阿訇不带学生，主要工作是做礼拜时带经、宣讲政策等。这个村里没有毛拉，只有一个阿訇。寺里有其他管理人员。
>
> 这个村里也有朝觐过的人员，两个。一个男的，哈萨克族，90 岁了；一个女的，回族，60 多岁。去朝觐的时候男的 70 来岁，女的 50 来岁。近年来随着人们越来越富裕，人们对朝觐有新的看法，老年人还是想去朝觐，年轻人无所谓。
>
> 我们村有上完学后 20 岁左右去宁夏、甘肃等地学经的，可能有 1 个，是回族，去甘肃学的。这里的东乡族少，没有去学经的。

清真寺的变迁体现着哈拉塔尔村村民的政治与社会生活的变化。随着村民富裕程度的提高和开放程度加深，与外部世界的联系日益密切，村民对精神领域生活的需求也随之涌现。根据村民提供的情况，我们了解到，村里出去学经的是村民马勇，回族，男，1989 年 12 月出生，初中文化程度，2004 年 2 月在甘肃临夏积石山县红台乡陈姚村牟

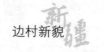
其岑清真寺学习，至今未归。

近年来由于哈拉塔尔村的村委会工作出现一定困难，群众在村干部的选举、任命与考核等问题上意见不统一，造成很多基层矛盾突出，为抓住群众政治与社会生活的基本阵地，地区、县、乡、村多级政府加大了对清真寺人员的管理和考察，从而确保了宗教人员不乱说话，宗教活动不超出法律规定的范畴，不干涉村里的政治事务，不影响村民的基本生活。对此，村民们也给予了充分认可和积极支持。即便是很多村上的老人，也对当前国家的基本宗教政策和当前宗教人士的宣教内容表示支持。宗教工作处理得好，既确保了村里的正常秩序，保障了村民的基本权利和活动，也扩大了党的各项政策执行的政治与社会影响，促进了全村各项事业的发展。

第四节　宗教事务管理

依法加强对宗教事务的管理是我们做好宗教工作的基石。本着"保护合法，制止非法，抵御渗透，打击犯罪"的工作原则，哈拉塔尔村宗教事务管理抓住两个重点：（1）推进宗教活动场所的规范化，建立健全场所的人员职责、财务管理、安全、消防等七项规章制度，通过开展"双五好"评选等活动，抓好制度的贯彻落实，同时规范场所的规划建设，提高场所的文化内涵，增强对信教群众的吸引力；（2）加大打击非法宗教活动的力度，进一步加强综合治理工作力度，发挥统战、宗教等多部门和普通群众的积极作用，整合各方资源，形成工作合力，强化检查督促，进一步推进依法治理力度，坚决打击"三股势力"的渗透活动。这些内容我们都能从村清真寺办公室内的宣传栏上获得信息。

　　为很好地落实宗教事务管理效果，进一步保持民族团结的良好局面，加大对宗教活动的监管力度，深入贯彻落实党的各项方针政策，严防国内外敌对势力、破坏分子借民族宗教的幌子，搞民族分裂、破坏活动，哈拉塔尔村还组织了村级"统战宗教工作领导小组"，村书记塔斯恒亲自挂帅，副组长钟海，成员马军、叶尔津、古丽巴合提、张文全，形成了"管理组织完善，分工明确，责任到人"的工作局面。村里还根据《布尔津县少数民族领导干部联系清真寺和与宗教人士谈话制度》的要求，加强对宗教教职人员、宗教活动场所和宗教活动的管理，实施了少数民族领导干部联系谈话制度。通过深入宗教场所与宗教人士谈话、谈心这种面对面的交流，使他们对宗教政策、法规等方面的知识有了一定的认识，统一了思想，提高了他们辨别是非的能力。坚持谈话与请示报告等各项制度已经成为村正常宗教活动顺利开展的保障。

　　"平安宗教活动场所"的创建工作也取得一定成绩。（1）通过《责任状》，将每年的各种检查、验收落到实处，通过"问、查、看、听"多种方式强化对宗教活动、宗教场所和宗教人士的管理，坚持年底对活动场所机构管理成员进行考核；（2）要求清真寺的宗教人士定期参加各级政府举办的宗教人士政治理论培训班，认真学习党的宗教政策、法律、法规，熟悉"五不带入"、"三股势力"、"三自"、"宗教信仰自由政策"和《新疆的历史与发展白皮书》的内容，提高思想认识；（3）按照《新疆维吾尔自治区宗教事务档案管理办法》和《新疆维吾尔自治区宗教活动场所档案管理暂行办法》的有关规定，逐步完善村宗教档案整理工作，增强村宗教活动的透明度，最大限度地争取群众的理解与支持。通过创建"平安宗教活动场所"，要争取做到管理机制到位（民主管理机构建立健全），政策到位（党的宗教政策的宣传、学习、执行到位），法律、法规到位（认真学习党的宗教管理方面的法律、法规并规范上墙到位），制度到位（宗教活动场所管理、学习、财务、安全、卫生等制度均已建立健全到位）的良好格局。同时努力做好制止零星朝觐专项治理工作。

总体看，尽管过去的哈拉塔尔村宗教活动曾经出现过一些问题，但目前各项宗教事务管理机构健全，分工明确，从而确保了村宗教活动呈现良好发展势头。不论是普通群众还是宗教人士对此都非常满意。

第六章　社会发展

　　作为一个历史较为悠久的村落，哈拉塔尔村的社会事业发展显示了该地区综合实力的不断提升，尤其是改革开放 30 年来，随着农牧区经济生活的逐渐富裕而带来了普通村民社会行为能力与素质的提高。教育、文化、体育、医疗事业的发展，是衡量这个边远山村今后可持续发展的基础。从我们调查的情况看，不论是当地政府还是普通百姓，对此都持比较满意的乐观态度，也卓显出当地未来发展的美好前景。

第一节　文化体育

一　县、乡文化体育发展现状概述

　　文化体育事业的发展往往反映出当地突出的民族特色，在偏远的少数民族地区，这一特征尤其突出。哈拉塔尔村所在的布尔津县和杜来提乡是一个以哈萨克族为主，同时又聚居诸多民族的地区。那里的文化体育事业发展既反映出典型哈萨克民族特征，同时也融合了其他多民族文化体育活动，进而形成自己独有的特色。

　　组织各类文化艺术表演比赛活动，是布尔津县丰富

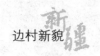

群众生活的一项重要举措。县里将这种活动与当地居民的传统文艺活动紧密结合在一起。如在每年的"纳吾鲁孜节"期间，县有关部门都会组织文艺活动。2006年县里还举办了该县有史以来规模最大、水平最高的"纳吾鲁孜节"文艺晚会，并通过卫星向中亚四国转播，政府还拨款15000元用于此次晚会的光盘制作，将传统文艺活动与现代传播方式相结合，扩大了宣传效果，提升了本县的知名度。

哈萨克族是一个能歌善舞的民族，哈萨克族的"阿肯弹唱"闻名遐迩，是哈萨克人的骄傲。为继承与发展这一传统民族文化艺术表演形式，布尔津县还鼓励本县群众积极参加相关活动，并在地区"阿肯弹唱"比赛中获得优异成绩。

举办"草原民族手工艺品展"和"布尔津县文物古迹图片展"也是布尔津县弘扬地区民族文化传统、扩大地区宣传力度的重要工作。作为一个著名的旅游大县，布尔津县此举既突出了本地区特色，也有助于强化外界对本县文化特征的了解，同时也是对地区民族文化遗产的保护与继承作出的贡献。

丰富广大群众生活，举办文化下乡活动，也是布尔津县文化体育事业发展的一个重要方面。布尔津县各级政府机构将各类复杂、繁琐的宣传材料变成群众喜闻乐见、朴实易懂的文化材料，既丰富了群众的业余生活，也达到了宣传的目的。该县还经常进行免费为农牧民与城镇居民送书、送知识、送文化活动。免费为广大偏远地区农牧民播放电影也是布尔津县文化下乡工作的一个成绩。

民族地区体育事业的发展对民族传统的承袭与发扬也

是至关重要的。布尔津县十分重视这方面的工作，并结合当地的自然条件，加大了对少数民族体育项目和适合当地的滑冰、摔跤等体育项目的支持、培训。近年来，该县不断在这些项目上赛出好成绩，有些已达到了全国水平。

杜来提乡的文化体育活动一直走在全县的前列。乡书记在接受我们访谈时就十分自豪地告诉我们：

> 村里有文化活动室。以前的不太好，就是一间办公室里放了些东西。现在我们通过逐步配套实现了三个村有了篮球场，主要靠上面拨款。有几个村还有乒乓球台子。文艺活动方面，我们乡在整个布尔津县属于文艺活动比较好的，农民自发参与的积极性也较高。每年我们都要搞十几次大型的文艺会演等乡级文艺活动，农民自发参与，乡里和村上各出一点钱。农民的参与热情很高涨。农闲时间广大农民积极参加搞一些文化体育活动。这方面工作我们乡还是比较突出。这反映出老百姓精神生活还是比较好，精神文明建设方面我们乡成绩较好，收效明显。这也与老百姓自身的收入水平有关系。如果老百姓自己还处于混温饱状态，就不会积极主动出节目，参加文艺演出。

该乡还在2007年花费41万元建设了乡文化站（见图6-1）。虽然外表看还可以，但与其他乡的楼房相比，其间的差距依然存在。不过乡政府在投资建设方面更多地考虑到能够利用原有建筑基础，尽量减少投资和土地浪费，这也充分体现出杜来提乡政府以人为本、服务为民的意识和勤俭节约的良好作风。

图 6-1　乡政府与乡文化站（摄于 2007 年 9 月 7 日）

二　村文化体育状况描述

哈拉塔尔村是一个多民族聚居村，但长期的定居生活依然使那里的农牧民文化体育生活具有典型的阿勒泰地区韵味。近年来，随着村里各项条件的改善，该村的文化体育活动也日渐丰富多彩。

广播电视事业的发展是丰富农牧民日常文化活动的重要方面。多年前的哈拉塔尔村只能依托无线收看有限的电视节目。不仅节目内容单一，收看的效果与时间也难以保证，更谈不上丰富村民日常生活了。当时的村民更多地只能依靠小收音机收听广播节目，或者依托村里个别村民的即兴表演，或村上婚丧嫁娶等重要日子里的简单村民聚合上的文娱活动，获取简单的文化生活。当然，这种活动朴实，带有浓郁的地方特色，但难以满足村民们日益增长的文化需求。

随着改革开放事业的不断发展，国家不断要求深入推进"西新工程"、"村村通工程"和农村电影"2131 工程"①，这些工程项目极大地丰富了村民的业余文化生活。村民们借此看上了中央和新疆的电视节目，其中包括哈萨克语言播出的节目。电视事业的发展不但让村里的农牧民告别了无法收看电视的历史，也扩大了村民的视野，增加了大家获取信息和知识的途径。

但在广播电视入户工程中，哈拉塔尔村也出现了自己的问题。由于老百姓对有线电视入户收费高、维护困难、可收视频道少有自己的看法，因此，县里曾经对该村实施的有线电视入户改造工程并未真正执行。当地百姓常用的依然是"小耳朵"。

除了有线电视问题外，广播方面也不行。村里都有喇叭，但好好没有用。毕竟现在的老百姓更多的是看电视多。

有线电视的普及的的确确占据着村民们日常生活的很大部分。在村里走访时，很多人家在农忙之余，都会打开电视欣赏节目。调查问卷显示，喜欢看电视并经常看电视的人群居多，在被调查的 51 份有效问卷中占 31 份，达到了 60.8%；喜欢看但不经常看的居其次，有 12 份，占 23.5%；不喜欢看也很少看电视的有 8 份，占 15.7%。那些不经常看的人主要是因为太忙，没时间看，或者家里没有电视等其他原因。真正因为电视节目不好，没意思的只有几个。还有 1 户是因为家里电视太旧，质量不好，电视收视信号太差（见表 6-1）。

———————

① "2131 工程"是国家广电总局、文化部等五部委于 1998 年提出的跨世纪农村电影工程和文化建设项目。即在 21 世纪，实现每一个行政村（社区）每一个月放一场电影的目标。国家"十一五"文化发展规划纲要中，将"2131 工程"列入七项公共文化建设重点工程。

表6-1 哈拉塔尔村村民收看电视节目类别调查

节目类别	份数（份）	所占比例（%）
新闻节目	38	46.3
农牧科普知识	9	11.0
农村类节目	4	4.9
歌舞节目	6	7.3
电影、电视剧	23	28.0
本民族文化介绍	1	1.2
其他	1	1.2

通过柱状图（见图6-2），我们可以更清晰地看到村民在电视节目类别上的喜好差异。

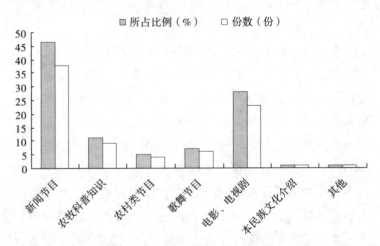

图6-2 哈拉塔尔村村民收看电视节目类别

2007年，依托村级干部政绩建设项目资金，由国家、自治区和地区、县、乡等多级财政拨款和村集体集资，修建了村文化室。这个文化室与新建的村委会是一个整体，总耗资约18万~20万元。我们入村调研时正赶上这个新建建筑的装修期。透过杂乱的装修材料和尚未竣工的场地，我们可以看出，这个文化室是一个集图书阅览室、体育室为一体的文化娱乐场所。新建筑兼顾了冬季群众活动娱乐方便的考虑，可以成为村民们农闲之余休闲娱乐的好去处，也可以为村委会积极组织广大村民开展集体文娱活动创造条件。这些都会促使村民们的精神面貌出现新的、很大的改观。

此外，近年来根据县、乡两级政府的安排，村里还动员村民抓住布尔津县旅游契机，开展手工艺品、柳编、刺绣等活动，一方面增加农民的收入，另一方面也可以参加乡、县、地区等举办的多级工艺品展览，陶冶农牧民的情操。

第二节　教育

一　地区教育发展概况

早在 1934 年，布尔津县境内就建立起 4 所新文化学校（哈萨克语小学），取消了经文学校和封建教育制。中华人民共和国成立后全县的教育事业得到进一步发展。目前全县已经拥有完整的县、乡、村三级中、小学教育。成人教育和培训工作也井然有序。该县还在 1995 年顺利通过自治区、地区高标准扫盲验收（非文盲率达到 99.7%）。

杜来提乡设有教育委员会，各村设有教育委员，配备成人教育专职教师 2 名。全乡现有民汉九年一贯制学校 1 所，完全小学 6 所（村小），1 所附校（学点）。2006～2007 学年全乡共有适龄儿童 620 人，其中失能儿童 2 人，入学 618 人，

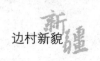

入学率100%，适龄少年459人，入学率98.9%。

2006年，全乡有小学在校生630人，初中在校生369人，中小学教职工127人，其中小学专任教师97人，初中专任教师23人（见表6-2）。学校有中专毕业后的代课老师。全县统一考试招考教师，但一般感觉教师队伍紧缺的时候才考，也有主动来执教的。最近5～6年没有新人进来了。双语教育主要在民校。一般经过县考核后，财政就给拨款。

表6-2　杜来提乡近年学校相关数据

年份	学校数（所）					学生数（个）			教学班		教职工总数			
	小学	初中	一贯制学校	完全中学	教学点	小学生	初中生	高中生	小学	初中	小学		初中	
											合计	其中专任教师数	合计	其中专任教师数
2004	7	1	—	—	1	724	462	—	54	12	102	97	26	24
2005	7	1	—	—	1	665	420	—	54	12	103	98	27	25
2006	7	1	—	—	1	630	369	—	54	12	102	97	25	23

资料来源：布尔津县杜来提乡政府。

为了进一步改善办学条件，保证农牧民子女就近入学，优化育人环境，2005～2006年乡对教育投入19.7万元，村投入12万元，校自筹13.65万元，群众踊跃捐资助学达1.2万元。本乡村级学校校舍基本满足要求，校舍的建设经费来自国家拨款，村级小学无危房。多年来，乡、村两级加大对教育的支持力度，累计为全乡各校划拨集体用地1320亩。

在乡里调研时，我们也了解到当前杜来提乡教育存在的一些突出问题。

第一，学校有中专毕业后的代课老师。全县统一考试招考教师，但一般感觉教师队伍紧缺的时候才考，也有主动来执教的。最近5~6年没有新人进来了。双语教育主要在民校。一般经过县考核后，财政就给拨款。

第二，教学设施短缺。教学设备少，村级小学没有电脑，至今没有开设电脑课。有些学校有先进的教学设备，但缺乏专业教师，这些教学设备的使用率非常有限。

第三，由于近年来上大学费用的上升以及大学毕业生就业困难，导致新的"读书无用论"开始在一些学生和家长中蔓延。

最后，本乡因贫困上不起学的现象较为严重。

二　哈拉塔尔村教育发展情况

哈拉塔尔村小学位于217国道与通村公路之间的三角地带，院子用砖墙围栏，大门朝西。如果没有人带路或说明，我们不大容易从繁杂的村民院落后找到这个村属小学。

学校是一个相对狭长的布局。进入校门后，首先映入眼帘的是一条东西走向的水泥路。路两旁密密麻麻种植着各种树木、花草，将院子里的各种建筑和基础设施掩映其间。路的南面依然以林带为主，间或有几样供孩子们日常游戏使用的器械，估计那简单的空旷地带也能被用来当做学校的操场，供孩子们日常玩耍和体育课之用。

在路的北面，有那么一排简单的平房。白色的墙面已经显出斑驳的痕迹，足见其建造日期之久远。房前是一个个花坛与草地，可以看出精心呵护的印记。平房里传出的朗朗读

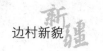

书声能够清晰地告诉你，这里就是这个学校的教室，是孩子们获取知识的殿堂。我们去的时候正赶上教室里的孩子们上午第二节课。透过明亮的玻璃可以看到里面孩子们十分规矩地把手背在身后，认真地听取老师的授课（见图6-3）。

图 6-3　上课时间（摄于 2007 年 9 月 11 日）

教室里的陈设十分简单，属典型的农牧区学校。房间的顶棚为手工吊顶，白色的墙面刷上蓝色的墙裙，如同当地蔚蓝的天空一般洁净。东西两面墙上各有一块黑板，不大，但十分干净。一面用来出板报，另一面则用来供老师讲课使用。在老师讲课用的黑板上方，正中间是一面鲜红的国旗，旁边用黄底红字的彩纸写着："勤奋守纪，求实开拓"八个大字，既是班训，应该也是校训。从规模看，一个班的人数也就在10 人左右。每间教室的门框外，悬挂着年级的标牌，这是四处墙面上唯一的奢侈品，从这里你可以获取里面孩子们的班级信息。教室的桌椅板凳基本都是自制木结构的，非常简陋。学校专门给部分班级的桌子配上了塑料桌布，既美观，又能让桌面更容易清洁，也显得更为平整。

　　孩子们童稚的笑脸感染着我们，他们如此幸福地微笑，显示出对现有学习生活的满足。课间时间，当我们愉快地向他们打招呼时，很多孩子涌上来要求我们用手中的相机记录下那美丽的瞬间。

　　继续沿着学校的小路前行，就到了老师的办公场所了。这里位于路的尽头、学校的最东头。与孩子们的教室相比，这里比较昏暗，房屋也较为陈旧。没有明确的标签表明不同房间的归属，我们也就随意地走进一间有人的房间，这里是老师们的一间办公室。办公桌颜色式样各异，有些参差不齐，有的是与教室里课桌类似的老式木结构的，不论是从样式、油漆水平与颜色、质量等多方面看，都基本属于 20 世纪改革开放前后能见到的那种水平。桌椅的边脚都明显破损了。还有的办公桌是那种 20 世纪 90 年代家庭自制的组合家具式样。用纤维板完成基本框架后，外面粘贴上仿木纹纸，再刷上油漆或清漆。只是经过长时间使用，这些桌椅的外观装饰物已经难耐岁月蹉跎，很多地方露出了板材的底色。

　　墙上的算盘、桌子上的书本和孩子们的作业本，这些告诉我们这里是老师办公的场所。学校的本学期不同年级课程表悬挂在墙上的一面玻璃框里，里面用不同的颜色代表了不同的课程，五彩缤纷，简单易懂（见图 6-4）。表的上方是不同星期，右侧是不同年级，这与我们通常使用的左起造表方式明显不同，带有典型少数民族书写习惯的特色。最里面的桌子上摆放着一部电话，这是学校与外界联系的重要纽带。我们去的时候正值上课时间，学校里的老师基本都去了教室。尽管只有小学的几个小小的班级，但已经占据了全校所有的教师资源，没有多余的人能守在办公室里接待来客。

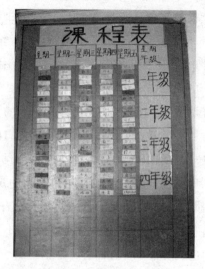

图 6 - 4　课程表（摄于 2007 年 9 月 11 日）

　　教师办公室前，有一个铁制的形状类似齿轮的薄铁板，悬挂在距离地面很低的木头架子上。看着诧异的我们，学生们笑着说这是他们上下课的铃声（见图 6 - 5）。这是学校因陋就简，利用农村设备完成的装备。与依靠口头播报相比，这个要先进的多，同学们也很满意。

图 6 - 5　校园铃声（摄于 2007 年 9 月 11 日）

个案6-1　村小学校长尹军访谈

我校实际为杜来提乡中学附属小学，是一学点。有4名老师（包括校长），本人是哈萨克族，其余3位老师中有一位回族和两位汉族。学校一共四个年级。学生人数为学前班7人，一年级10人，二年级8人，三年级5人，四年级5人。学生有回族、东乡族、哈萨克族、维吾尔族和汉族。实行分级授课，平均每位老师每天4~5节课。开设有语文、数学、自然课、体育课和美术课。由于没有电脑和计算机专业教师，本校没有计算机课。学校没有音乐课，因为没有音乐老师。体育课和美术课都由老师兼带。我们学校是杜来提乡最早建校的学校。以前有17个教职工，100多个学生，还有民语教师。现在学校全部实行汉语教学。学前班就开始教授汉语，因为学前班有少数民族学生。

现在学生人数减少的原因是国家实行计划生育政策以后，人口出生率降低，小孩数量减少。还有现在有一些农民外出务工，带走了一部分小孩。在本校还是完全小学时，本校的教学质量在全乡是最好的。

宗教活动对本校教学没有影响，学生没有辍学现象。现在已不收取学费、学杂费和课本费。经家长同意，我们向学生收取每人每学年70元的教辅材料费，用于购买各科练习册以及印发试卷等。此外，每位学生还缴纳42.5元的保险费，但这项费用不是强制的。

我是校长，不想调到县城去工作，我妻子也是本校教师，我的家就在本村。我的职称是小教一级，工资1900元/月。其他三位老师有两位是小教高级，一位小教一级。老师都有大专学历，为电大和自考毕业。学校非常需要普通

师范学校毕业的美术、音乐和体育老师。老师如果任班主任还给发班主任津贴。县教育局和乡政府不给学校拨付经费。村委会给学校80亩土地，由学校自主经营，收入能够维持学校的日常开支。每年维修校舍的费用有3000多元。

学校老师在阿勒泰地区教育学院接受继续教育，每年培训期20天，费用700元，包括吃、住。培训内容是语文和数学。

我们在村里还遇到一位该村学校的二年级小学生。他很高兴地回答了我们关于学校情况的一些简单问题。尽管有些回答与校长的说法略有出入，但依然能从中发现当前村里教育的一些基本情况。

个案6-2 村小学二年级学生哈斯木访谈

哈斯木，1998年出生，现年9岁，二年级学生（见图6-6）。

图6-6 小学生哈斯木（摄于2007年9月10日）

村里只有一个民汉合校。实际上所有老师都只能用汉语教学，没有民语老师。

学校只能到四年级，基本上每个年级一个班，人数不超过10人。目前二年级总数是8人，其中哈萨克族3个，回族3个，汉族2个，以男女生划分为男生6人，女生2人。

五年级以上就得去乡里读书。

村里有学前班。一个班14～15人，也是多民族的。

有些孩子一年级就去乡或县里上学了。

老师都是汉族（实际上可能是回族），纯汉语教育。民族学生听写的时候有困难，还是感觉使用本民族语言听写起来会容易些。学校有远程教育，但没有体育、绘图老师。也没有计算机。学校有操场，有篮球场、乒乓球台，也有跑道。

学校上午4节课，下午3节课。

学杂费没有。但每年收取金额不等的试卷和本子钱。一年级120元，二年级90元。

学校基本不组织大型集体参观等活动。

小学生一般以个人名义请客人到家里聚会，事前会征求父母的同意。五年级之后得去乡里学校上学，可以骑自行车去，也可以坐班车去。今年（2007年）大约有4个孩子一年级就去了县乡学校了。这些孩子一般家庭条件较好，较富裕。

我非常想去新疆其他地方上学，想去乌鲁木齐。将来想当警察。

父母亲忙的时候，我也经常要去帮忙，其他孩子都这样。

姐姐今年15岁，在杜来提乡中学读初二，学习成绩非常优异，想去上疆内高中班或内地高中班，尤其想去北京上学。但家庭条件可能差一些。

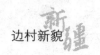

三　杜来提乡初级中学

　　杜来提乡初级中学是全乡唯一一所中学（见图 6-7）。距离乡政府驻地不远的哈拉塔尔村的孩子们在小学毕业后，往往选择向东不远的杜来提乡初级中学念初中和高中。一般情况下，孩子们骑自行车花几十分钟就能到校，也有的孩子会选择步行。

图 6-7　杜来提乡初级中学（摄于 2007 年 9 月 7 日）

　　杜来提乡初级中学 1961 年 9 月建校，在乡政府以西500 米处，是一所从小学到初中的九年义务教育的民汉合校的初级中学。该校不仅重视学校校容校貌建设，积极为广大师生创造良好、优美的学习生活环境，而且该校的师资力量和教学质量也在全县名列前茅。我们在该校调研时看到了许多各类荣誉奖牌或奖状，包括"自治区文明单位"、"地区及绿色学校"、"地区级德育达标学校"、"地区级精神文明单位"、"县花园式学校"、"县课改试点学校"等。校长告诉我们，这些成绩的取得很多都是本校师生共同努力、自力更生的结果。该校现为阿勒泰地区农村示范学校。

对学校目前的基本情况，校长介绍说：本校目前有学前班至初中三年级共 10 个年级，教学班级 24 个，学生 582 人，其中哈萨克族学生占 51%，回族学生占 22%，其余为汉族、塔塔尔、俄罗斯等少数民族学生。本校主要使用汉语教学。现有教职工 82 人，其中一线教师 68 人，均为专职教师。学校教师平均年龄 33 岁。68 名教师中，汉族教师占 50%，其余为少数民族教师，主要是哈萨克族教师。40% 的教师家在县城，有 37 位老师住宿，主要为一线教师。教师队伍不稳定，2006 年有一位男教师调到乡政府工作。

由于该校师资力量不能满足教学要求，每年都有师范类大学毕业生和教师来该校支教。2007 年 9 月，有新疆师范大学支教毕业生 8 人、自治区特岗教师 3 人和县支教教师 3 人。本校有 242 个住宿生，宿舍非常紧张，每个学生宿舍有住校生 25～27 人，非常拥挤。县政府拨款 550 万元建教学楼一栋，共 18 间教室。另外，学校还有 10 栋平房，其中有教室，也有宿舍，均为砖混结构。教室中的桌椅已经非常破旧，仅仅能够使用。老师的办公桌椅也是非常破旧。教学楼中安装有暖气管道及暖气包，冬天采用小锅炉供暖。在校园内部西侧建有一栋旱厕，由老师和学生共用。平房教室及宿舍安装有土锅炉及供暖管道与暖气包。供暖费用由乡政府按每班 300 元/年拨付。学校运煤，由乡政府安排运输车辆解决。

学校有化学、物理及生物实验室及实验仪器，1999 年通过验收。学校配备有多媒体教室和计算机室，但没有专职多媒体教师。已经安装宽带设备，可以上网。2005 年购入 32 台电脑。

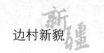

学校不向学生收取课本费及学杂费，只收取教辅费（各科练习册等），每人每学年150元，但这项费用要经过学生家长同意后才收取。另外，每位学生要缴纳42.5元/年的保险费，这部分费用是人身保险费，最终要交给保险公司。住宿生每人每月的伙食费为100元。四年来，学校共有16名学生考入内地高中班，2007年有7人考入内地高中班。

1997年，该校利用世界银行贷款"贫困和少数民族地区基础教育项目发展项目"12万元修建学生食堂。1999年，利用国家"义务教育工程"经费74.4万元，为本校修建校舍950.8平方米。2001年，利用世界银行贷款为本校修建部分校舍。2005年，利用上海市政协人口资源环境建设委员会爱心捐赠20万元人民币兴建乡初级中学学生宿舍。

尽管有上述诸多项目支持，但该校目前依然有许多困难。作为学校的基础设施，学校的运动场所十分简陋（见图6-8）。学生们只能在由学校教职工在操场边竖起的两个

图6-8　简陋的运动设施（摄于2007年9月7日）

自制的单杠上锻炼，这个所谓的单杠不过是由两根木桩和穿在木桩上的钢管构成。学校没有自来水设施，学生们只能用当地普遍使用的压水井采水，冬天时节很容易受伤害。

第三节　医疗卫生

一　布尔津县乡村医疗基本情况

随着国家农村医疗改革工作的顺利开展，布尔津县的乡村医疗工作也取得了长足进步，各级乡村医疗机构的基础设施、人员设置与培训、广大农牧民的认真参与等，都有了明显改善或提高。

乡（镇）卫生院是农村卫生服务网络的枢纽，直接担负着农村预防保健、卫生监督、基本医疗、卫生管理等多项任务，在农村卫生工作中起着不可替代的作用。乡（镇）卫生院建设，既是农村卫生工作的热点，也是难点。在布尔津县调研期间我们发现，全县共有 6 个乡级卫生院和 1 个牧业卫生院，编制床位 72 张，在职人员 121 人。由于距离县城较近的缘故，位于乡政府驻地附近的乡卫生院在全县的乡级卫生院中规模明显较小，但这并未影响该院努力争取各种荣誉（见图 6-9）。在院门口的墙上，悬挂着各种荣誉牌匾。一边是各级卫生主管部门颁发的，分别有自治区卫生厅监制的"非营利性医疗机构"、阿勒泰地区社会保障局颁发的"城镇职工基本医疗保险定点医疗机构"和布尔津县新型农牧区合作医疗管理委员会颁发的"新型农牧区合作医疗定点医疗机构"。另一边则承载着各种荣誉，包括县卫生局颁发的"甲等卫生院"、阿勒泰地区精神文明建设

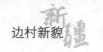

委员会颁发的"文明单位"、中共布尔津县委颁发的"'四个好'乡（镇）站所"和地区卫生局颁发的2004年度"十佳乡（镇）卫生院"。

图6-9 乡卫生院外景（摄于2007年9月7日）

进门的显著位置，悬挂着杜来提乡卫生院的简介与各级工作人员岗位、职务职称、业务技术水平，甚至包括照片等信息。从简介中我们了解到：

杜来提乡卫生院始建于1958年，当时只有2间土房，2名医生。目前已发展成为一所集预防保健、计划生育、健康教育诊疗、康复六位一体的基层综合性一级甲等医院。曾授予"文明乡卫生院"、精神文明建设活动中"文明单位"、"甲等卫生院"等先进单位称号。

我院现有24人（含临时工3人），其中医生15人，护士7人，财会2人。中级职称4人，助理级5人（医生4人、护士1人），员级15人（医生11人、护士4人）。具有大专学历（的有）12人，中专学历12

人。卫生院下辖 10 个村卫生室，有 16 名村医，达到中专学历（的占）88%。卫生院门诊、住院部建筑面积 454 平方米，有封闭大院 7000 平方米。

我们去的时候邻近下午下班时间，卫生院的主要领导去县里开会，只有一名医生和一名护士负责日常工作。前来就诊、取药的农牧民三三两两，还有一人当时正在滴液，但看上去病情并不严重。卫生院的药房不大，但十分整洁干净。两旁靠墙摆放的货架上井然有序地排列着各种药品，取药看病工作也有条不紊。农牧民凭借各自的职工医疗保险处方本和个人账户手册在这里可以获取一定数量的免费药品。在过道的墙面上，两幅巨大的张贴板分别记录了全乡妇女儿童保健工作的基本情况和全乡计划免疫工作总体数据。

乡卫生院的一位工作人员也为我们介绍了该院的一些基本情况。

我院有门诊房一栋，住院房一栋，均为土木结构平房。现有 5 名医生，平均 30 多岁，最高学历为本科，其余为大专学历，大部分医生住在县城；护士 3 位，均为阿勒泰地区卫生学校毕业。有 6 张病床，2 间病房。有心电图机和 B 超设备（黑白）。有化验室，以前可以做血常规、大便常规和小便常规化验。还有烤电灯。每天有一位医生和一位护士值班。每天来门诊部看病的人有十几个，多为感冒、腹泻、肺炎、高血压、心脏病等患者。可以接生，但本乡产妇大都去县医院分娩，因为县医院的医疗条件和医疗水平要好得多。本乡还有 16 位村医，其中两位是拿财政工资的医生，他

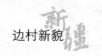
们退休后还有退休工资，我们称之为"国家医生"，其余 14 位村医每人每月领取 120 元报酬。已实行农村合作医疗制度，农牧民住院每位患者的住院费用不能超过 1 万元。参加合作医疗的农牧民每人持有一本合作医疗本，享有 30 元/（人·年）的医疗费用，用完即止。医疗费用 30% 由患者自己支付，70% 由乡财政支付。本院初级职称的护士月工资为 1470 元。有两名护师。医生和护士可以到农牧民家出诊。2004～2005 年期间，可以做阑尾炎手术。

农牧民看病就医一直是党和政府十分关注的一个问题。近年来在农牧区大力推广的新型农村合作医疗保险制度，部分解决了农牧民看病难、住院难的问题。我们在乡卫生院的墙上还看到，卫生院明确承诺对参加新型农村合作医疗保险制度的农牧民实行让利优惠政策。除免挂号费和肌肉注射费之外，每年乡卫生院还从纯收入中提取 3% 的资金，用于资助特困户、残疾人等弱势患者，给予他们住院费用补助。对于参合农牧民因病需要邀请上级医院专家咨询或会诊的，乡卫生院将负责联系，并承担专家咨询、会诊费用和交通费用。为提高农牧民到乡卫生院生产的比例，凡在乡卫生院顺产的，费用不得超过 150 元。此外，作为奖励措施，对连续参加新型农村合作医疗保险的农牧民，如果一个家庭三年中没有发生一人次住院，没有享受大病补偿，可由家庭中任何一人免费在指定定点合作医疗机构享受一次常规性健康体检。

乡卫生院还专门将就诊报账和前往乡、县及县以上定点医疗机构住院的程序绘制成图表形式，形象生动地告知看病的农牧民。

　　当然，在调查中我们也看到，这个乡卫生院也存在一定的以药养医的状况。而且乡卫生院的医疗设备陈旧简陋，医疗设备总值与配备要求相比，差距很大，有的设备已到淘汰时限，仍在超期使用。

二　哈拉塔尔村医疗状况

　　2005 年 7 月 1 日开始在布尔津县实施的农村新型合作医疗制度已经在哈拉塔尔村展开，全村 95% 以上的人都参加了新型农村合作医疗。在村里主要街道旁的房屋墙面上，书写着巨大的宣传语："合作医疗情系万家，参加合作医疗保您全家安康"（见图 6 - 10）。即便坐在疾驶而过的汽车里也能看清楚。参加合作医疗的农牧民每人持有一本合作医疗本（见图 6 - 11），享有 30 元/(人·年) 的医疗费用，用完为止。医疗费用 30% 由患者自己支付，70% 由乡财政支付。

图 6 - 10　合作医疗宣传语（摄于 2007 年 9 月 11 日）

图 6-11　农牧民合作医疗证（摄于 2007 年 9 月 7 日）

　　根据新型农村合作医疗制度，农牧民住院每位患者的住院费用不能超过 1 万元。在村委会附近的街道旁村民住宅墙面上，我们看到了一个张榜公示单，上面记录着近期全乡（包括该村人员在内）因病住院参加大病医疗的费用。从表上反映的数字看，报销的数额并不大，几百元至上千元不等。但由此可见，当地农牧民已经从中得到了真正的实惠，摆脱了过去看病难、不敢看病的尴尬境地。

　　村里的卫生室安排在村委会内。由于 2007 年村委会建筑工程影响，旧的村委会房屋已经不复存在，我们去的时候新的村委会还在装修中，尚未开始正式使用，村卫生室也因此难觅踪影。我们在村委会后的村民家中院落中，看到了散落的村委会档案中的"哈拉塔尔村卫生室"的牌子（见图 6-12）。这块牌子将在村委会落成之日，同时悬挂起来。

　　由于距离县和乡都不远，哈拉塔尔村的村民患病后都很容易去县医院或乡卫生院看病。村里的孕妇也大多选择

图 6 – 12　哈拉塔尔村医务室标示牌（摄于 2007 年 9 月 11 日）

到县医院分娩，因为农牧民都认为县医院的医疗技术水平高，条件也好。新法生育现在已经取代传统的生育方式，这也降低了新生儿和孕产妇死亡率。

　　问卷调查发现，96.1% 的被调查者知道并参加了新型农村合作医疗，只有 2 人认为没有实行或不清楚。在回答对于这种医疗制度的态度的 49 份有效问卷中，有 39 人回答"很好，很欢迎"，占有效问卷的 79.6%，有 5 人认为"制度很好，但老百姓是否能真正得到实惠"，占 10.2%，另有 3 份问卷认为"交的钱多，承担不了"，2 份问卷认为"其他原因"，分别占 6.1% 和 4.1%。总体看，新型农村合作医疗在哈拉塔尔村的贯彻落实与宣传普及工作比较好，并赢得了广大村民的普遍认可与赞同。

第四节　农牧科技事业

　　农牧科技事业的发展是保障农牧民增收的关键，也是在传统的游牧地区改变落后生产生活方式的重要手段。为推动地区农牧科技事业的不断进步，县乡各级政府高度重视，并定期组织"科技活动周"、"世界知识产权日"、"科技之冬"、"科技之夏"、"科技下乡"、"科技兴新素质工程"等活动向农牧民推广实用技术。这些活动符合当地农牧业生产生活发展实际需要，基本满足了当地农牧民的需求。一些科学技术，如人工授精、冻精配种、圈养育肥，牲畜品种改良、长草短喂、短草槽喂等技术的推广，也带动了当地农牧业生产的革新，提高并激发了当地广大农牧民发展现代农牧业的生产积极性。

依托全县农牧科技活动，杜来提乡也积极利用"科技之冬"、"科技之夏"为载体，大力开展农牧民科技培训活动，2006 年举办科普培训 26 场次，培训 4000 余人次。2006 年，杜来提乡 18～55 岁青壮年劳动力 3838 人，三年参加培训累计 3104 人，培训面达到 81%。乡级农牧民文化技术学校办学面齐全，现有专职教师 2 人，每年都能正常开展工作。行政村农牧民文化技术学校（教学点）在该乡 11个行政村都设有分校，并开展广泛活动。2007 年，杜来提乡举办蔬菜、林果、畜禽、农机等各类技术培训班 13 期，培训农民 1100 人次。开展送科技进村、技术咨询等活动，共发放技术资料 2000 多份，接受农民咨询 1000 余人次。

2007 年 5 月 19 日，布尔津县首届柳编工艺品培训班在杜来提乡正式开班，来自各乡（镇）的 100 多名农牧民，向从山东聘请的两位资深专家学习柳编手工艺品技术。杜来提乡拥有 7 万亩以上毛柳资源。一个普通编织花篮在山东可以卖 3 元，在乌鲁木齐卖 10～15 元。哈拉塔尔村的村民就参加了该培训班。毛柳编织在阿勒泰地区实属首例，并已成为牧民增设的一个重要途径。

哈拉塔尔村村委会十分重视村里科技事业的发展，成立了专门的科技发展领导小组，由村书记亲自挂帅。村里还落实了自己的农牧民科技示范户。这些示范户年龄最小的只有 24 岁，年龄稍大的也就 46 岁，文化程度从小学到高中不等，包括了回族、东乡族和哈萨克族等多民族成分。这些农牧民科技示范户都是在某一个领域有突出成绩者。他们的示范作用能够带动全村学科技、用科技的热情，为村民增产、增收提供条件。

在调查中，我们发现该村填写调查问卷的 52 位被调查者中，只有 12 位接受过各种类型的培训，只占被调查者总数的 23.1%。这可能与我们调查期间村里主要青壮年都忙于收获，而我们的调查对象更多地只能选择在家的人员有关。12 位受过培训的被调查者中，除参加柳编工艺品培训班的 1 人外，有 7 人参加了农牧生产技术方面的培训，占受培训者总数的 58.3%，其他 4 人，包括教师培训、县乡组织的培训学习和农机驾驶培训等，占 33.3%。

对培训带来的好处，大家意见不一。有 21 人对该问题进行了回答，另有 31 人没有回答。在 21 位被调查者中，认为帮助很大和有些帮助的，分别有 7 人和 8 人，各占 33.3% 和 38.1%。1 人认为没有帮助，5 人表示说不清，分别占 4.8% 和 23.8%。可以看出，普通村民对于培训带来的结果总体是满意的。

第五节　社会保障

社会保障事业的发展也是推动区域经济稳定可持续发展的重要因素。近年来，布尔津县建立了统筹协调就业、

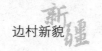

社会保险、社会救助等全方位、多层次的社会保障制度，逐步形成了"劳有岗、老有养、病有医、失有补"的复合型社会保障体系。牧民定居与抗震安居房建设也已经逐步纳入轨道，并已开始初显成效。

自 2007 年 7 月 1 日起，布尔津县启动了农村最低生活保障制度，通过认真调查摸底，将疾病、求学、意外事故和自然灾害等原因致贫的农村家庭纳入低保范畴。2007 年享受农村最低生活保障金制度的农牧民 4140 人全部领到低保金，全县共计发放保障金 50.67 万元。在总结前期经验成果的基础上，县里还计划在今后几年逐步扩大农村低保制度的覆盖面和支持力度，真正使这项政策能够为农村低保户家庭带来实惠。

我们的调查问卷显示，哈拉塔尔村村民大多数认识到自己家庭已经接受到一定程度的政府社会保障政策帮助。有 41 份问卷回答享受过国家政府社会保障政策的福利，其中 41 户享受到合作医疗保障政策帮助，1 户享受了国家扶贫资助，1 户享受国家抗震房补贴，另有 11 份没有给出具体享受社会保障的名称。当然，调查也显示有 9 位被调查者认为没有享受过国家的政府社会保障政策，回答不清楚的 1 份，遗漏未答的 1 份。但据我们了解，该村村民基本上都参加了农村新型合作医疗，该村目前的搬迁工作也享受着国家抗震安居工程项目的资助。因此，村民对这些国家相关社会保障政策的了解还有待加强。

在村里调研时我们也搜集到该村村民要求获得低保金的申请，有些老红军、老革命及其子女申请获得国家相关福利和社会保障等。哈拉塔尔村历史较长、人员来源复杂等因素，是造成上述情况出现的主要原因。

第七章　风俗习惯

　　哈拉塔尔村是一个多民族聚居村。当地村民的风俗习惯差异较大，但总体看依然体现出阿勒泰地区的独特之处。

第一节　婚丧习俗

　　婚丧习俗是一个地区或民族向外界展示的风俗习惯中最主要的部分之一。哈拉塔尔村是一个多民族聚居村，因此，其婚丧习俗也各具特色，因民族差异而呈现出典型的多样性。

一　哈萨克族

　　哈萨克族是哈拉塔尔村里人口数量最多的民族，也是整个地区的传统世居民族。哈萨克人的婚丧嫁娶不仅代表了本民族特色，也影响到包括当地的维吾尔族、塔塔尔族等诸多民族，因而成为地方特色的一个重要组成部分。

　　哈萨克人讲究部落氏族制度，严格规定七代以内不得通婚，大多数情况下也不主张在部落内部缔结婚姻关系。哈萨克人十分重视和讲究双方的门当户对。一旦双方家庭缔结婚姻关系，将被要求严格遵守，不得随意解除。缔结婚姻关系后，男方要向女方赠送一定数额的彩礼，其数额大小依据男方家的经济状况而定，但也有因为彩礼未能达

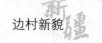

到女方家庭满意程度而不得不退婚的。游牧的哈萨克人习惯将牲畜作为彩礼，主要是马、骆驼、羊等。这种习俗延续至今，在定居后的哈萨克人中依然盛行。调查中我们发现，很多哈萨克人为了孩子结婚时的彩礼或婚礼所需，可能得耗费几年积蓄下来的牲畜。有些人家也将这种送出去的牲畜作为子女未来生产资料所需。

哈萨克族过去还有"安盟格尔里克"习俗，即收继婚制度。要求女子丧偶后嫁给亡夫家的其他男性成员，以确保不离开本部落。此婚俗在中华人民共和国成立后基本消除。

哈萨克人十分重视婚姻带来的亲属关系。双方的部落或亲家会因为儿女成亲而相互特别尊敬，并在各种事务中对对方予以优先考虑。

受伊斯兰教的影响，哈拉塔尔村哈萨克人的丧葬采取传统方式：先用清水净身，然后用白布包裹身体，实行土葬。村东头可以看见一块面积不小的坟地，但不清楚是否至今仍在使用。坟地的建筑并不复杂，多为土质，似乎没有经过现代豪华装饰。

二　回族

回族反对禁欲，反对独身主义，因此从阿訇到普通人一般都会结婚，并十分重视婚姻家庭，哈拉塔尔村的回族来自全国各地，而且近年来因婚姻关系进入该村的回族数量呈现明显增长势头。尽管婚姻选择范围较广，但回族一般会要求对方为穆斯林。如果必须与非穆斯林结婚，一般也会有很多规定。回族还严禁血亲、近亲结婚。父母做主，姨表、姑表亲的现象在中华人民共和国成立前较为普遍。

回族除了讲究"门当户对"外，也比较重视对方的教派。一般来说，一个婚姻关系的缔结首先需要经过定亲，由男女双方的父母、亲戚，甚至长者或其他头面人物参加。定亲之后就算是确定婚姻关系，双方不可轻易反悔，不可随意解除这种关系。关系确定后，男方家将向女方家赠送一定的彩礼。当地回族会根据家庭情况与居住环境不同，选择彩礼内容和数额。随着社会的进步，现在也出现用汽车、摩托车送彩礼，或者直接给钱的情况。当然，用传统的生产资料牛、马、羊等作为彩礼的现象仍十分普遍。许多回族人家由于不再从事畜牧业，往往得通过购买方式获取这些彩礼，实际上也是一笔不小的财务支出。

回族人将亲人逝世称做"归真"。受伊斯兰教影响，回族人去世后会运往清真寺或停放在家里，由亲友守夜。次日，用清水为逝者沐浴，之后用白布裹其全身，放入"塔保阿"（一种公用的棺材）内，上面覆盖上经文或星月图案的蓝布。阿訇在回族人的葬礼过程中具有重要作用。一般都是在阿訇的主持下，亲友们向死者告别，然后才会将停放尸体的"塔保阿"抬往墓地安葬。回族实行土葬，禁止使用随葬物品，落葬时阿訇要念"落土经"。死者被安葬后，"塔保阿"被运回清真寺存放。除了葬礼当日，回族人还会在"头七"或"四十日"等日子，祭奠亲人。有钱人家还会在这些日子请阿訇诵经，怀念逝去的亲人。

三 其他民族

除了哈萨克族和回族外，哈拉塔尔村人口较多的民族还有汉族、维吾尔族、东乡族等。其中，维吾尔族和东乡族等的婚丧礼仪与哈萨克族和回族很接近，或受到这两个人口较多民族的影响较大。汉族的情况则有所不同。

汉族的婚丧习俗充分体现了自身的特点。一般而言，现代的哈拉塔尔农村的汉族青年男女已经不再通过父母包办或媒人上门来完成婚姻大事。很多汉族青年通过考学、打工等方式离开了村子，并在外面的广阔天地寻找到自己生活中的另一半。他们的选择余地很大，范围也很广，受到的限制或约束也不多。即便是留在村子里的汉族青年，也往往能实现自由恋爱，并不受民族、地域、家庭条件、学历等多方面因素的影响。大多父母对子女的婚姻也都持尊重的态度，不大会横加指责。

与村里其他民族相比，汉族人的婚礼费用较低，这主要体现在彩礼、聘礼上。一般来说，村里人会为了增添喜气和热闹气氛，为新人送去祝福。但这种祝福通常也就只需要50元或以内，亲戚朋友关系特别好的，可以稍多一点。汉族人结婚喜用红色，贴大红"囍"字。一些时髦的年轻人还会考虑照婚纱照。

汉族的丧礼也与村上其他民族不同。一般死者经过擦洗后，会被穿上干净的衣服，年长者有寿衣。死者会在七日之内下葬，其间亲友们将为其守灵，哀悼亲人的逝去。葬礼当日因来源地的不同，规矩也各不相同。一般都会邀请亲戚朋友和周围邻居，举行一个简单的告别仪式，由村里有身份的人或家里的长者总结死者的生平，表达内心的沉痛哀思。之后死者会被送去安葬。

第二节　饮食习俗

与其他习俗相比，饮食习俗的地方特色更为浓厚，各种饮食习俗之间的渗透与影响也最为深远。由于地处阿勒泰地区，哈拉塔尔村村民的饮食习俗已经具有典型的哈萨克族特征。

一 哈萨克族

哈萨克族是一个习惯于过逐水草而居的游牧生活的民族。游牧带给他们的不仅是生活的艰辛，也带给他们相应的饮食方式。

哈萨克人的饮食以肉食、奶食和面食为主。

肉食是游牧的哈萨克族饮食结构中十分重要的部分，这种饮食习惯延续至今。哈萨克人食肉主要有以下几种：一种是将新鲜的羊肉放入凉水里，不加任何调料后煮熟，然后捞出装盘，撒上切碎的洋葱等。在食肉的同时，还可以配上鲜美的肉汤，汤里同样配些盐和洋葱末。在这样鲜美的肉汤里下入面条就是著名的哈萨克美食"那仁"了。另一种习惯的食肉方式是将冬宰的鲜肉加入盐、葱等调料后熏干，这种熏干肉能够放置的时间会较长，一般都能坚持到第二年春天，且食用起来十分简单，非常适合游牧哈萨克人的生活方式。此外，哈萨克人还喜欢制作腊肠，包括马肠子和牛肉腊肠。哈萨克腊肠也是新疆非常著名的一道美食。

哈萨克人还是烤肉的行家。不论是新鲜宰杀的羊肉烤成的肉串，还是用整只羊烤制成的烤全羊，味道都极其鲜美，富有浓郁的地方特色。烤全羊还是哈萨克人招待到家的贵客的食用上品。

哈萨克族普遍饮用羊奶、牛奶、马奶和骆驼奶。常见的奶制品有酥油、奶皮子、奶酪、奶疙瘩、酸奶、黄油等，这些奶制品有些是发酵的，有些是非发酵的。

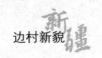

马奶子是哈萨克人十分名贵的饮品。它是将鲜马奶经过特殊发酵处理，做成能够直接饮用的马奶酒。这是哈萨克人夏季常用的上等饮料。马奶的营养价值很高，对很多疾病的治疗具有良好的辅助作用。

奶茶也是哈萨克人世代相传的传统饮食品种。哈萨克人的奶茶与新疆其他地区的少数民族制作的奶茶略有不同。它是通过将牛奶或羊奶煮熟，捞出奶皮，然后用奶皮、熟鲜奶和茶水、盐等，共同勾兑出香浓的哈萨克奶茶。这种奶茶能够醒脑提神，解油腻，去劳累，喝起来余味无穷。

哈萨克人的主要粮食是面食，这也与当地的农业生产情况有密切关系。调研期间我们也发现，当地哈萨克人一年到头的大米使用量很少，而面食基本占据日常主导。这种饮食习惯也影响到当地其他民族。哈萨克人的面食主要包括馕、油炸的"包尔萨克"、馓子、油饼和面片、面条等。大米主要用来制作抓饭。当地还有吃小麦或小米的，主要是将这些东西炒熟，或者再掺入白砂糖、羊油、面等，直接食用，嚼起来很香。一般这种食物多在夏季和秋季刚刚收获季节多见。

哈萨克人饮食有很多禁忌。除了忌食猪肉、狗肉、驴肉、骡肉和自死的畜禽肉及动物血外，哈萨克人还忌讳客人在家门口下马或骑快马到家门口下马。哈萨克人还不准年轻人当着老人的面饮酒，不准用手乱摸食物，不准跨越或踏过餐布，不准坐在装有食物的箱子或其他用具上，忌讳当面数主人家的牲畜，等等。

哈萨克人十分热情好客。有一位旅行家曾经说过："如果沿途都是哈萨克族人的话，那么即使出门旅行一年，亦

可不带一粒粮，不带一分钱。"① 好客的哈萨克人会用最好
的食品招待到访的客人，宰杀羊马，盛情款待。宰羊招待
客人也是十分有讲究的一件事情。一般要将煮熟的羊头、
羊盆骨肉和骨棒等放进一个盘子，递给客人。客人要先割
食一块羊腮帮的肉和左边耳朵之后，将羊头递还给主人，
然后由主人用小刀将剩下的肉从骨头上剔下，大家分食。
食肉前大家还需要举手摸面，客人还得对主人的盛情招待
表达祝福，即做"巴塔"。这些都成为哈萨克族饮食文化中
反映纯朴、诚实与豁达的民族性格的重要方面。

二　回族

回族人的饮食在新疆饮食文化中占据重要地位，这不仅
因为其普及性较高，也因为其味美价廉，深受各民族喜爱。

在饮食结构中，回族人普遍食用牛、羊、骆驼等反刍
类偶蹄食草动物，忌食马、驴、骡、猪和狗肉，尤其禁食
猪肉，也不吃动物血和自死动物。这些与回族人的伊斯兰
教信仰有关，且已经成为回族人生活习俗的一个重要部分。

回族人十分讲究饮食卫生。一般在回民餐馆门口，都
有一个吊壶，用于食客们洗手。回族人讲究用流水洗手洗
脸，不用脸盆。

在回族人家的餐馆里，还经常能看到非常具有伊斯兰
文化特征的"清真言"或清真寺图片，很多还配有女性伊
斯兰教徒虔诚祈祷的画面。这些一方面可以突出店主人是
回族的特征，同时也具有浓郁的伊斯兰文化痕迹，表明店

---

① 贾合甫·米尔扎汗著《哈萨克族历史与民俗》，夏里甫汗·阿布达里
译，新疆人民出版社，1999，第 262 页。

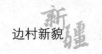

主人的宗教信仰身份。

回族人的饮食主要以面食为主。著名的回族饭包括拌面（俗称拉条子）、炒面、汤饭等，回族面点也很有名，馒头、花卷、馅饼、烙饼、包子、饺子、面条等都是回族人家餐桌上的常见食品。逢年过节，回族人还会用面炸"油香"。这被看做是非常尊贵的一种食品。

回族人也喜欢吃炒菜和炖菜。著名的"六大碗"和逐渐风行全国的大盘鸡都是非常有名的餐点。回族人炒菜口味较重，香气扑鼻，底油偏大。随着与其他民族杂居的增多，回族人家也开始吸收接纳周围民族的饮食习惯，包括多食用简单的小炒等，不过多少带有回族传统饮食习惯。

回族还有喝茶的习惯。著名的回族"盖碗茶"就集中了饮茶和养生的多重功效。当然，与复杂的"盖碗茶"相比，普通村民日常更多的是饮用普通的茶，主要是花茶。

回族村民家庭食用畜禽时，一般会请阿訇来宰杀。同时还会严格遵照伊斯兰教的规定，不食用禁忌畜禽，也不食用禁食部分。村里的老年回民还严格禁酒，也很少吸烟。这些多少也与伊斯兰教教规有关。

三　其他民族

与哈萨克族和回族数量相比，哈拉塔尔村的其他民族人口较少，他们当中很多人的饮食习俗已经受到该村哈萨克族与回族的巨大影响。例如，调查中我们就发现，当地村民每年的饮食类消费中，面粉的消耗要远远大于大米。在肉类消费中，牛羊肉占据主导地位，部分人家配食家禽类，只有小部分村上的汉族居民每年或宰杀一两头猪食用，但份额很少。

受村里其他居民饮食习惯的影响，也受当地经济发展和旅游经济逐渐旺盛的冲击，村里人食用新鲜蔬菜的数量较当地其他乡村略多。但比较而言，村上的哈萨克族人依然习惯喝奶茶，吃干馕，而在汉族、回族等人家院落内外，偶尔能见到自己种植的蔬菜。

第三节　民族文化艺术、服饰与建筑

一　哈萨克族

游牧的哈萨克人居住的是一种轻便而易于支撑和拆卸的毡房。即便是在定居后，哈萨克人依然习惯在自家院落中建筑一个类似毡房的土木建筑（见图7-1）。这一点在哈

图7-1　哈萨克族民居（摄于2007年9月11日）

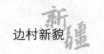

拉塔尔村随处可见。这种建筑一般是家里的厨房，里面有时会配一张大床铺，因此也可以用做招待客人的客厅。据说这种建筑冬暖夏凉，四季适宜。

哈萨克族在游牧、迁徙的过程中吸收了周围民族的文化内容，并结合自己的生产生活实践创造出丰富多彩的哈萨克特色文化艺术，其中就包括哈萨克族丰富多彩的"歌"、舞蹈和手工艺品等。

哈萨克族的民歌浩如烟海，在国内外享有盛誉。哈萨克族的歌手既是歌唱家，又是诗人和作曲家。他们通过自己的歌声，将自己民族的神话传说、民间故事、历史事件、爱情诗词、民俗谚语等流传下来。其中，哈萨克族长诗对于研究哈萨克人的历史具有重要作用。近年来关于哈萨克族民歌的搜集、整理与出版工作得到了长足发展。

在哈萨克族的音乐中，被称为"奎"的作品数量众多，形式多样。哈萨克族的"奎"一般分为史诗类、历史类、故事类和生活类等多种类型、主体和体裁。大部分作品都有其产生背景。哈萨克族用冬不拉、活布孜或斯布子禾（笛子）来演奏曲子，音乐作品反映着哈萨克族社会生活的各个方面。此外，还有一些具有民族特色的乐器（见图 7-2），如"道乌里帕孜"、"色尔纳依"、"达布里"等，有些乐器已经失传①。

与音乐和歌曲相比，哈萨克族的舞蹈艺术相对发展较为滞后。哈萨克族历史悠久、也最为流行的舞蹈是"黑走

---

① 贾合甫·米尔扎汗著《哈萨克族历史与民俗》，夏里甫汗·阿布达里译，新疆人民出版社，1999，第 332~335 页。

图 7 - 2 民族乐器 (摄于 2007 年 9 月 12 日)

马舞",主要反映了哈萨克族社会生活的方方面面。近年来哈萨克族舞蹈已经在保留民族特色的基础上,逐渐增加了现代社会发展与生活进步的内容。

哈萨克族的手工艺品也具有鲜明的民族特色。哈萨克族妇女制作的各种毡制品、毛制品和服饰等色彩艳丽,形象逼真。哈萨克族男子擅长制作各种木器、铁器和骨器,也具有很高的金银饰品和玉石加工水平。这些都充分体现了哈萨克族勤劳智慧、热爱生活的特质。

哈萨克族的服饰主要以牲畜的皮毛作为原料,妇女夏天着花布长连衣裙,年轻姑娘爱穿绣花套裤。随着现代生活的发展变化,哈萨克人的服饰也受到外部世界的巨大影响。牛仔裤、T恤衫、夹克等也开始普及。不过对于偏远地区的哈萨克人而言,妇女依然沿袭了戴花头巾的传统,一年四季穿着裙装,喜欢佩带各种饰品。男人冬季着对襟棉大衣或皮衣。

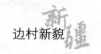

二 回族

回族有着较为悠久的屯居历史，因此，他们的房屋建筑基本为土木结构或砖木结构，部分甚至实现了砖混结构。根据人口与经济状况的差异，各个回族人家的大小院落不同，但房间错落有致，各有自己的功能。由于地处新疆的缘故，这些房屋均为平顶。窄小的屋檐下可以悬挂一些秋收的农产品，如辣椒或玉米。院子里的正房一般为主人家的基本住房，面朝阳，可以最大限度地吸收阳光，这在冬季寒冷、夏季短暂的布尔津地区十分重要。在正房的对面或两侧为厢房，是主人家做饭、储物的场所，有些也有会客功能。部分回族人家院子里还建有牲畜棚圈和简易旱厕。在牲畜棚圈上覆盖着厚厚的饲料，当地人还教我们如何识别当年的新饲料与往年剩余的旧饲料。院子的大小各有不同，但一般稍讲究的人家都会用砖或水泥收拾门口部分和用于出行的通道，其余绝大部分院落都是平整的土地。对于雨水并不算很多的布尔津地区来说，这也不会造成太严重的麻烦。我们去时正值秋收季节，家家户户的院落都成了作物晾晒场，一派繁忙景象，也展示了主人家的好收成和富有。

村里的主街道旁有一个清真寺，对面是新落成的村委会。村里很多回族人家的房屋就建造在清真寺和村委会附近。这也与回族的宗教信仰有关，体现了回族人"围寺而居"的居住特点。村里的清真寺建筑也具有典型的回族风格，与常见的新疆地区清真寺建筑有显著差异。

回族人的服饰也具有自身特色，最显著的就是男人戴帽子，女人戴围巾。回族男子的帽子十分容易识别，通常有白、灰、蓝、绿、红、黑等颜色，有的是纯色，也有很多带西域民族风格花边或图案、文字，如花草图案、各种花纹等，并可根据季节和场合的不同选择戴哪种合适。一般春夏秋季戴花色和浅色帽较多，冬季戴灰色、蓝色或黑色。回族妇女戴头巾的习惯源自波斯。传统的头巾分绿、青、白三种颜色，上嵌有金边，绣有风格素雅的花草图案①。随着时代的发展，很多回族女性的头巾开始出现鲜艳的色彩，图案也更为生动、多彩，尤其是青年女性更随潮流而动，佩带非常时髦的围巾。

回族男子的坎肩和女子的大襟外套也十分出名。根据季节不同，坎肩的质地也有很大差异，从单的、夹的、棉的，到皮的，可以应对各种气候条件需要。坎肩是回族人服饰的重要组成部分，一般随意穿在各种颜色的衬衫外，显示出主人简朴、大方、干练的特点。有的坎肩上还绣有精美的图案，很有美感。

大襟外套是回族妇女常穿的服饰，一般在前胸或前襟处绣花，有的还会在衣服上镶色或滚边，表达女主人爱美的天性。传统的大襟还用同样布料做成排扣。不过随着现代社会的发展，很多人已经开始简化这一复杂工艺，用现代塑料纽扣取而代之，但追求的是式样繁多和花色好看，有另一种韵味。

回族妇女还有纳绣花鞋垫的习惯。心灵手巧的年轻回族女子会用这种色彩艳丽的漂亮鞋垫表达自己对家人的关心和对生活的热爱。喜爱佩带各类首饰也是回族妇女的一大特色。很多回族妇女还会用指甲花的花瓣染指甲。

---

① 民族在线，http：//www.minzuonline.com/HuiZu/FengSu/1678/1.htm。

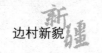

第四节 民族节日与礼节

一 哈萨克族

哈萨克族的主要节日有纳吾鲁孜节、肉孜节和古尔邦节。

纳吾鲁孜节在每年昼夜长短一样的那一天（即公历 3 月 22 日）开始。根据哈萨克族传统历法，纳吾鲁孜节标志着新年的开始。公历 3 月 22 日至 4 月 20 日被称为"纳吾鲁孜月"。纳吾鲁孜节是哈萨克族历史最悠久的一个传统节日，在中国的哈萨克农牧区，纳吾鲁孜节被当做新春佳节来庆贺，非常受重视，庆祝活动十分热烈而隆重。纳吾鲁孜节期间要喝用小米、小麦、面、肉、盐、乳浆和水等烧制而成的纳吾鲁孜粥，还要举行各种娱乐活动等，包括唱纳吾鲁孜歌，以寄托人们对未来美好生活的希望。人们还会挨家挨户串门拜年，举行特殊的招待活动。

肉孜节和古尔邦节是随着伊斯兰教传入的宗教节日，如今已成为哈萨克人的一个群众性节日。肉孜节又称开斋节，是根据伊斯兰教教规封斋 30 天后迎来的节日，一般为期 3 天。虽然哈拉塔尔村绝大多数的哈萨克族群众并不封斋，也不做乃玛孜，但肉孜节依然是他们一年中一个非常隆重而热闹的节日。人们会成群结队地拜年，举行各种传统娱乐活动。

古尔邦节是伊斯兰教的最大节日。哈萨克人在古尔邦节期间会宰杀大小牲畜以示庆贺。人们还会利用节日期间走亲访友，出门拜年，品尝各家各户的美食。

在各个节日期间，哈萨克人也会表演传统的体育和娱

乐活动，其中最为著名的属传统的刁羊、姑娘追、赛马、
摔跤等游戏。这些游戏既展示了哈萨克游牧的生活特征，
也突出了他们勇敢、坚强和富有生活情趣的一面。这些项
目中有些已经成为国内或国际体育比赛的正式项目①。

当然，纯朴的哈萨克人也有很多禁忌。我们在哈拉塔
尔村调研期间就发现，当地哈萨克人非常尊重家里的老人，
进门、吃饭、落座都是老人优先，在老人面前也很少大声
喧哗或直呼其名。家里的妇女一般很少与客人同桌就餐。
她们往往另外找个位置或者等客人们吃完饭后在厨房独自
就餐。到哈萨克人家，一般还不大当面赞美主人家的孩子，
不数主人家的牲畜，也不在吃饭时擤鼻涕、打哈欠、剪指
甲、吐痰等，这些都被认为是很不礼貌的行为。

二 回族

回族的两大节日为开斋节（肉孜节）和古尔邦节，均
为伊斯兰教节日。作为穆斯林的"五功"之一，斋戒是很
多回族人恪守的宗教行为。我们在哈拉塔尔村调研时发现，
当地村上的回族人很多是较严格的伊斯兰教徒。他们严格
遵守斋戒的教规，即便处于农忙时节亦不例外。因此，用
于庆祝斋戒期满的开斋节也成为村里回族人共同庆贺的重
大节日。大家会走亲访友，制作各种美食，甚至张灯结彩
以示庆贺。开斋节后大约 70 天就是伊斯兰教的另一个大
节——古尔邦节。为庆祝古尔邦节，当地回族村民会宰杀
牛羊，聚餐联欢，十分热闹。

---

① 贾合甫·米尔扎汗著《哈萨克族历史与民俗》，夏里甫汗·阿布达里
译，新疆人民出版社，1999，第 339～342 页。

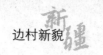

回族有很多典型的礼节。例如，回族人从出生时开始，就会请阿訇起名字，这个名字是小名，是大家在一起时常用的名字。我们调研时就经常遇到这种情况。村民在说起某个回族村民或村干部时，能叫出来他的小名，却不知道他的大名，也就是没办法与我们手里拿到的村民花名单上的人对应。这多多少少成了我们始料未及的困难，有时不得不为核实某个人的确切身份，走访多个村里的老人，甚至得问村干部，以免闹笑话。

阿訇在该村回族人的日常生产生活中占据十分重要的地位。除了起名字、宰畜禽时需要阿訇帮忙外，回族人结婚、死亡一般也需要阿訇在场证婚或主持。历史原因造成回族人使用汉文字，取汉式名为大名，但他们诵经时依然会用阿拉伯文，家里墙壁上也时常能看到阿拉伯文书写的"清真言"或典型的阿拉伯图片装饰品。

三　其他民族

村里其他穆斯林群众的民族节日和礼节受到上述两大民族影响较大，差异很小。非穆斯林群众则保留着更多自身的节日和礼俗特点。

汉族是村里主要的非穆斯林人口。除了积极参与村上穆斯林群众的主要节日活动外，汉族村民还有自己的传统节日，如春节、清明、中秋、重阳等。只不过受周围环境的制约和影响，很多传统节日的礼俗已经较为简单。部分汉族村民至今保留着迁居地的一些传统习俗，在婚丧嫁娶、生儿育女等方面沿袭着老家的部分传统。随着年青一代逐渐走出山村，走入城市，这种沿袭下来的习俗也日渐淡漠，逐步被人遗忘。

第八章　村民生活

作为杜来提乡距离县城最近的村，哈拉塔尔村的村民生活也非常时尚，能够紧紧把握时代变革的脉搏，这也反映出布尔津县近年来旅游业快速发展给当地人民生活带来的巨大变化。

第一节　人口与生育

历史上的哈拉塔尔村村民人数和户数就一直处于不断调整与变化之中，不断有人搬走，新来的人也络绎不绝。我们可以从该村 2006 年 10 月 ~ 2007 年 8 月月人口数汇总表中看出，除了出生与死亡的人口数外，迁出与迁入的变化也一直存在（见表 8 - 1）。

表 8 - 1　哈拉塔尔村 2006 年 10 月 ~ 2007 年 8 月总人口月汇总

年　月	户数（户）	月末总人口数（人）	本月人口变动情况（人）			
			出生人数	死亡人数	迁入人数	迁出人数
2006 年 10 月	153	607	—	—	1	3
2006 年 11 月	154	605	—	1	1	2
2006 年 12 月	154	605	1	—	—	1
2007 年 1 月	155	605	1	1	1	1
2007 年 2 月	155	604				1

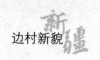

续表 8 - 1

年 月	户数（户）	月末总人口数（人）	本月人口变动情况（人）			
			出生人数	死亡人数	迁入人数	迁出人数
2007 年 3 月	156	604	—	—	1	1
2007 年 4 月	156	605	1	—	—	—
2007 年 5 月	156	605	—	—	—	—
2007 年 6 月	156	605	—	—	—	—
2007 年 7 月	156	604	—	—	—	—
2007 年 8 月	156	604	1	1	—	—

注：此表来自乡计划生育办公室，其中数字有问题，但原件如此。在此只尊重人口的变化和迁入迁出情况的存在。

国家的计划生育政策也在这里得到很好的贯彻落实。根据新疆维吾尔自治区的规定：少数民族农牧民一对夫妻可生育三个子女，符合特定条件的可再生育一个子女。夫妻一方是少数民族的，按少数民族计划生育规定执行。

在执行国家计划生育过程中，政府还制定出一系列优惠奖励政策。在布尔津县，计划生育奖励扶助政策包括如下内容。

（1）农村部分计划生育家庭奖励扶助政策：主要指 60 周岁以上，符合国家或自治区计划生育法规政策生育，且夫妻双方均为农村户口的，可以经本人申请和政府审核，并张榜公布后，给予每人每月 50 元的奖励扶助金，直到亡故为止。

（2）农村独生子女死亡伤残家庭奖励扶助政策：指的是对符合国家计划生育政策生育的农村夫妇，终身只生育了一个子女，且子女已死亡、伤残、罹患重大疾病，而未再生育或收养子女的，该对夫妇已年满 45～59 周岁，可提出申请，经有关部门审核公示，给予每人每年 600 元的奖励扶助金。

（3）"少生快富"工程奖励：针对农村户口的少数民族夫妻，自愿放弃生育符合国家政策的第三个孩子，现存两个子女，并采取了长效节育措施，女方年龄在 49 周岁以内的，可以自愿申请参加"少生快富"工程，对符合条件的，经审核批准，每对夫妻一次性奖励不少于 3000 元。

（4）农村领取"光荣证"的家庭子女报考内地高校及内地新疆高中班和区内初中班时可以给予一定加分，并给予一次性得到不低于 2000 元的奖励，同时免去夫妻双方一年的集体生产、公益事业所筹劳务，在承包土地和划分宅基地上也给予优先、优惠等。

（5）布尔津县还对农牧民领证独女户考上大学的给予一次性 1000 元奖励。双女户给予 500 元奖励。从 2007 年 5 月起，对每位采取长效节育措施的育龄妇女一次性奖励 20 元。对领取"光荣证"的家庭夫妻双方经商或一方经商、另一方下岗无业的，在工商管理费中每月减免 10 元。与此同时，对那些违反规定生育者将由相关部门按规定征收社会抚养费①。

2008 年 5 月，经县人民政府研究，决定对在 2007 年度符合"少生快富"工程发放条件的 550 户少数民族家庭发给一次性奖励金 3000 元；对在 2004 年 12 月 31 日前已经领取"两证"奖励金 2000 元的少数民族家庭且符合"少生快富"工程发放条件的少数民族家庭补发 1000 元奖金。政府此举旨在切实调动全县广大农牧民群众自觉实行计划生育的积极性，稳定低生育水平，提高出生人口素质，促进农

---

①　布尔津县政府官方网站，http：//www. brj. gov. cn/1 $003/1 $003 $028/1 $003 $028 $021/109. jsp。

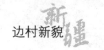

村人口与经济、社会协调发展①。

以上这一系列奖励与管理措施的出台，有力地推动了国家计划生育政策在这个传统西北农村的落实。根据这些奖励措施，村里已经有人得到了奖金或奖励待遇，这对整个村子的计划生育工作起到了极大地促进作用。

哈拉塔尔村一直有专人负责计划生育工作，村委会还设立了计划生育领导小组（见图 8 - 1），并定期组织各种学习班，发放各类宣传材料（见图 8 - 2），播放宣传影视作品，张贴各种宣传图片，定期举办计划生育考试、竞赛，

图 8 - 1 哈拉塔尔村计划生育宣传标语（摄于 2007 年 9 月 12 日）

办各类板报，等等，以此保证计划生育政策深入人心，进入千家万户。在村里柏油路边的住户外墙上，不断出现与人口和计划生育有关的宣传口号："为了国家富强、家庭幸福，请您计划生育"、"要致富，少生孩子多种树"。相关的活动内容还以图片、文字等多种方式保存下来，成为珍贵

① 布尔津县政府官方网站，http://www.brj.gov.cn/1＄003/1＄003＄020/33.jsp? articleid＝2008 - 5 - 8 - 0005。

图 8 - 2　计划生育宣传材料（摄于 2007 年 9 月 11 日）

的档案材料。我们在村委会的档案中，看到 1990 年至今的各种宣传图册、宣传单、中文版和哈文版的人口报及避孕药具专业培训上岗证等与计划生育工作相关的材料。

2007 年，哈拉塔尔村实施了"婚育新风进万家"活动，将生育文化纳入本村文化中，充分利用多种形式的活动，如办宣传栏，发宣传单，发宣传册，加强了计生政策进家庭、科学知识进家庭、避孕药具进家庭、各种信息进家庭工作，使"婚育新风进万家"活动同创建精神文明建设有机地结合起来。

为切实保障村计生工作的顺利开展，贯彻落实"控制人口数量，提高人口素质"这一基本国策，村计划生育协会和人口学校也一直在发挥着作用。通过每年至少 3~5 次的学习、活动，向村民传达相关的文件精神，教育村里的育龄妇女掌握所学的各种方法，同时，村委会还拿出一

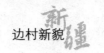

定经费资助协会和人口学校的活动，加大宣传力度，依托发宣传单、出黑板报、知识竞赛等活动来更好地宣传、实施计生工作，将计划生育带头人的先进事迹传入家家户户。

在计划生育宣传工作上，该村利用农闲时间，加大计划生育宣传力度，落实国家"少生快富、优生优育"政策，将法制宣传月、"三八"妇女节等定为该村活动日。同时，定期组织和动员妇女群众积极参加各种培训，让广大妇女积极参与"不让黄、赌、毒进我家"系列活动，确保妇女儿童身心健康。在药具管理方面也加强知识宣传，提倡夫妻双方都有实行计划生育的义务。宣传"新婚法"，提倡婚丧简办，鼓励婚姻自由，不包办婚姻，这些也成为近年来工作的重要内容。

村妇女主任古丽巴合提有 30 来岁，已经担任该职务多年。她的婆婆阿米娜是老一代村妇女主任，乌孜别克族，已经 73 岁了，是村里的"三老"人员之一。阿米娜于建村初期担任村妇女主任，当年村干部的工作精神与当时百姓的生活状况给她留下深刻印象。兢兢业业的工作态度为这位老妇女干部赢得了村里普通群众的众口赞誉。我们调研过程中，很多人看见现在的村妇女主任就会对我们提起她的婆婆，称赞这位老共产党员当年的工作业绩。作为"三老"人员，阿米娜定期获得国家的补贴，包括固定的货币或实物补贴。但与我们座谈时，老人依然更多地考虑村里的问题和村民的生活，很少议论自己的情况。

村里没有出现超生的情况。由于计划生育政策的实施，村里的人口出生率较低。我们可以从一份统计报表中看出这一点（见表 8-2、表 8-3）。

表8-2　哈拉塔尔村半年计划生育统计（1）（2007年4月2日）

单位：人

期末总人口	出生人数								死亡人数	已婚育龄妇女人数	其中			
	计划内外		一孩		二孩		三孩				无孩数	一孩数	二孩数	三孩及以上
	内	外	内	外	内	外	内	外						
汉族 46										6		3	2	1
少数民族 558	2		1				1		2	1079		39	25	34
合计 604	2								2	113	9	42	27	35

注：乡计划生育办公室材料。

表8-3　哈拉塔尔村半年计划生育统计（2）（2007年4月2日）

单位：人

	采取避孕措施人数								本期节育手术和补救手术例数							女性初婚人数		
	合计	男扎	女扎	上环	皮埋	口服药注射针	避孕套	外用药	其他	合计	男扎	女扎	上环	皮埋	取环	人工流产	大中引	合计	早婚人数	晚婚人数
	79	1	8	54		1	15			6		5					1	3		3
汉族	6	1	2	3														1	3		3
少数民族	73		6	51		1	15			6		5					1	3		3

注：乡计划生育办公室统计表。

　　村里计划生育采取的措施也是多种多样的，但也有遇到失败的情况而需要进行手术。主要的节育手段还是上环、避孕套和结扎。女性初婚中，基本保证晚婚比例100%，避免了传统早婚现象，也保障了妇女身心健康。

　　2007年该村被县里命名为"2007年度计划生育村民自治合格村"。

调查问卷反映了当地村民对计划生育工作的态度。该村一共发放调查问卷52份，几乎占总村民户数的1/3。在52份问卷案例中，有22份选择了希望自己或自己的儿女生育2个孩子，占答卷总数的42.3%，是比例最高的；有13份选择了希望生育1个孩子，占答卷总数的25.0%；有12份选择了希望生育3个孩子，占答卷总数的23.1%。此三项占到了答卷的绝大部分，合计为90.4%。选择生育4个以上的有1份，选择能生多少就生多少的有4份，各占调查总数的1.9%和7.7%。在随后的问题中，有47位被调查者认为少生孩子能致富，占被调查总数的90.4%；只有3位不同意这种说法，占5.8%；另有2位说不清，占3.8%。认为少生孩子妈妈身体健康的被调查者有45位，不同意这一看法的有1位，说不清的有6位，分别占86.6%、1.9%和11.5%。认为孩子多了老了有依靠的被调查者有29位，不同意者18位，说不清的有4位，另有一份缺失答案，分别占调查总数的55.8%、34.6%、7.7%和1.9%。认为生育孩子数量应该听天由命而不是父母亲决定的人数为21人，不同意这一看法的有20人，说不清的有6人，5人未做答，分别占被调查者总数的40.4%、38.5%、11.5%和9.6%。从上述统计结果看，村民们对计划生育政策的理解和看法非常实际、自然。在有限的生产生活条件下，维持低生育率已经成为村民自己的选择，超过9成村民认为这是致富的重要途径。在一个少数民族聚居村，认为生孩子多少可以由父母亲自己决定的人数与认为生孩子得听天由命的人数基本相当，这也是非常不容易的。从一个侧面反映出距离县城很近的哈拉塔尔村村民已经开始从现代生活中学到了很多科学知识。

关于"孩子未来"的多项选择，有 31 例选择了当干部，占调查总数的 36%；21 例选择当警察或军人，占24.4%；13 例选择当教师，占 15.1%。剩下的选择分别为：科学家 6 例，占 7%；商人 4 例，占 4.7%；农牧民和工人各 1 例，各占 1.2%；另有 8 例没想过，占 1.2%。而对于希望孩子将来在哪里工作，选择最多的是内地大城市，为16 例，占 30.8%；其次为县城，13 例，占 25%；再次为新疆其他城市，7 例，占 13.5%；选择出国的有 5 例，占9.6%；选择本村和乌鲁木齐的均为 4 例，各占 7.7%；另有 2 例随孩子所愿，1 例没想过。

第二节　婚姻

哈拉塔尔村是一个以哈萨克族和回族为主的多民族聚居村。该村的婚姻关系既保留着哈萨克族和回族的传统习俗，又适当融合了当地其他民族的特征。总体看，很多人可以考虑跨越本民族界限，在本村建立可能的婚姻关系。

哈萨克人讲究部落氏族制度。根据其习惯，同一部落内的青年男女七代以内绝对不能通婚，因为七代以内被认为是近亲，而近亲是不能通婚的。违反这一规定的人将受到严厉惩罚。即便是七代以上的本部落青年男女如果需要通婚，也必须经过权威人士认可，确定双方确实已经超过七代，才有可能缔结婚姻关系。实际上七代只是部落内部通婚的底线。很多情况下不主张在部落内部缔结婚姻关系。

回族反对禁欲，反对独身主义，因此，从阿訇到普通人一般大多会结婚，并十分重视婚姻家庭，这多少与伊斯

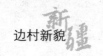

兰教的影响有关。比较而言，由于回族在全国分布较为广泛，西北地区的回族在婚姻问题上并不局限于某一地区，他们的婚姻选择范围也较广，但一般会要求对方为穆斯林。如果必须与非穆斯林结婚，一般也会有很多规定。回族还严禁血亲、近亲结婚，尤其严格禁止同母、女、伯母、婶母、姨母、乳母、岳母等长辈结婚，也不许同亲妹妹、乳妹、侄女、甥女、儿媳以及有夫之妇结婚。父母做主，姨表、姑表亲的现象在中华人民共和国成立前较为普遍。

哈萨克人和回族人的婚姻都讲究"门当户对"。他们很看重男女双方的家庭背景、社会地位和经济条件，回族还重视对方的教派。一般来说，一个婚姻关系的缔结首先需要经过定亲，由男女双方的父母、亲戚，甚至长者或其他头面人物参加。定亲之后就算是确定婚姻关系，双方不可轻易反悔，不可随意解除这种关系。关系确定后，男方家将向女方家赠送一定的彩礼。对哈萨克人来说，这种彩礼大多是牛、羊、马、骆驼等与游牧有关的生产资料。当地回族则根据家庭情况与居住环境不同，彩礼内容有所差异。随着社会的进步，现在也有开始用汽车、摩托车送彩礼，或者直接给钱的情况。

在哈拉塔尔村调查时我们专门询问了当地村民的彩礼支出。这个村是乡里人均收入相对较低的贫困村，且民族成分众多，因此村里人的彩礼支出也各不相同。从调查问卷的记录看，村里的哈萨克族和回族等礼金支出较多，这可能与这些民族人口在村里占多数有关。调查显示，该村回族村民 2006 年礼金支出较高，一户为 5000 元，一户为 3500 元。其次为哈萨克族，5000 元的 1 户，2000 元的 2

户，1000 元最多，为 3 户，余下的有 800 元、700 元的各 1户，300 元的 2 户。一户包括哈萨克族、乌孜别克族和维吾尔族等在内的多民族家庭的彩礼支出也达到了 5000 元。东乡族和保安族彩礼支出维持在 1500 元左右，各有 1 户，另外 1 户东乡族稍多一些，为 2000 元。维吾尔族的彩礼支出也较少，调查中有 3 户显示了 2006 年家庭彩礼支出，分别为 1000 元、500 元和 450 元。汉族的彩礼支出最少，1500元的 1 户，400 元的 1 户，80 元的 1 户。村里也有人因为贫穷，没有彩礼支出项目的，他们连衣服都得依靠政府和村民资助，生活状况较差。

多民族聚居与较长的村史、便利的交通条件等，导致哈拉塔尔村的村民选择较为宽泛的地域作为婚姻嫁娶的选择范围。以布尔津县为中心，该村村民也将婚姻范围进一步拓展到周围的县市，如哈巴河、富蕴县、福海县、清河县、北屯，甚至超越阿勒泰地区的范畴，到达伊犁地区、塔城地区，乃至延伸到国外的哈萨克斯坦。村里的哈萨克族老人阿布开·太吉已经 91 岁高龄，他的 7 个子女及其后代就分布广泛，婚姻情况也有很大不同，不仅地域辽阔，民族成分也较多（见图 8-3）。

《中华人民共和国婚姻法》的颁布和新型婚姻登记管理制度的建立废除了过去父母包办买卖婚姻制度，为青年男女自由恋爱提供了空间和条件。根据《婚姻法》的规定，当事人的结婚和离婚都需要经过严格审查，一些婚姻纠纷在此过程中得到及时处理，不合法的婚姻现象得到有效制止，受婚姻法的限制，早婚早生现象被杜绝。根据社会和村民生活发展的需要，政府的婚姻登记手续逐步得到完善，婚姻登记档案也逐步建立健全。

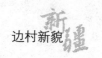

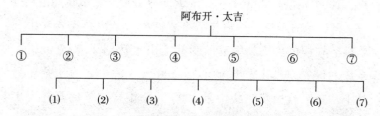

图 8 - 3　哈拉塔尔村哈萨克族老人阿布开·太吉家庭成员分布情况

注：① 老人的大女儿，叫比哈伊夏，1995 年已经去世了；② 老人的二女儿，巴哈伊；③ 老人的长子，清格勒拜，幼年去世；④ 老人的次子，阔阔斯根，58 岁，初中毕业，媳妇阿塞勒汗，为本村农民，5 个孩子；⑤ 老人的小儿子，克斯讨拜，和老人一起生活，小学文化，52 岁；妻子哈里达，维吾尔族，7 个孩子，其中 4 个儿子、3 个女儿；⑥ 老人的三女儿，努尔希旦，1969 年出生，1993 年结婚嫁到冲乎尔乡；⑦ 老人的小女儿阿特伽玛勒，1974 年出生，高中毕业，上过阿勒泰卫校，原来在村里干过卫生员，嫁给本村的回族魏小良，农民。

与老人共同生活的小儿子家子女分布情况：（1）大儿子贾那提，在哈萨克斯坦，妻子叫萨伊拉西，2006 年搬往哈萨克斯坦，有一个儿子在哈萨克斯坦出生；（2）二女儿巴哈提古丽，24 岁，初中毕业；（3）老三是儿子，塞力克别克，23 岁，初中毕业，农民，未婚；（4）老四是女儿，帕提古丽，22 岁，在新疆医科大学本硕连读；（5）老五是儿子，乌热勒，20 岁，在阿勒泰一中读书，高二未毕业就前往哈萨克斯坦阿拉木图学习；（6）老六是小女儿，古丽嘉玛丽，18 岁，高中毕业，待业；（7）老七是小儿子，木热勒，16 岁，县高中学习。

第三节　家庭

哈拉塔尔村的家庭状况也显示出该村的特点：多民族、村史长。从该村平安家庭表显示，该村 156 户平安家庭户中不同户型的户数和人口数如表 8 - 4 所示。

从图 8 - 4 中可以清晰看出，该村不同户型与人口数的分布。

表8-4　哈拉塔尔村不同户型的户数和人口数问卷调查统计

户　型	户数（户）	人口数（人）
1 口人	5	5
2 口人	19	38
3 口人	37	111
4 口人	42	168
5 口人	31	155
6 口人	12	72
7 口人	8	56
8 口人	2	16
合　计	156	621

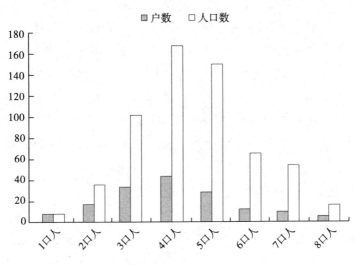

图8-4　哈拉塔尔村不同户型和人口数的分布

　　我们调查时正值当地农作物秋收季节，也是牧业转场之际。调查问卷显示，当地留守村子的主要是老人和儿

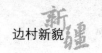

童，间或一些妇女，主要的劳动力白天都去了地里，中午或晚上才能回来。我们队上基本上年轻的都去打工了。外面也有过来村上打工的。家里留下的都是爸爸妈妈和孩子，还有家属和我们这样需要经商留下的。我们这里 40 岁以上的人家一般都有 3 个孩子以上，那时候计划生育刚开始。这些家庭大部分孩子出去打工，留下一个在家帮忙种地。

调查问卷说明，该村家庭结构十分复杂。出现频率最高的是夫妻两个带一个男孩和一个女孩的 4 口之家，有 6 户，占 52 份问卷总数的 11.54%。夫妻两个带一个孩子，与父母双亲或单亲，及兄弟姊妹一人共同生活的 4～5 口家庭，有 5 户，占 9.62%。夫妻两个带三个孩子的 4 户，占 7.69%。子孙三代同堂的情况较为普遍，这样的家庭有 18 户，占被调查者的 34.62%。其中又以母亲带子女及孙子女共同生活者居多，有 10 户，占 19.23%。母亲单独与子女共同生活的情况较多，包括与已婚儿子媳妇共同生活但没有孙子女的，与两个、三个，甚至四个、五个子女一起生活的，共有 7 户，占 13.46%。夫妻俩与三个以上多子女共同生活的有 5 户，占 9.62%，其中最多的子女数达到 6 个（不含已分户或出嫁的子女）。该村年代较久远，村里的家庭结构差异也很大，十分不均衡，两位老人单过的、一位孤寡老人的、两位老人带一个儿子生活的、两位老人与众多子女中的一个（一般为条件较差的子女）及其他已分户子女的孩子共同生活的……各种情况在这里都有出现，但却没有发现有与家庭直系亲属之外的人共同生活的联合家庭情况（见图 8-5）。

① 这是该村比例最高的情况，一共有 7 户。

176

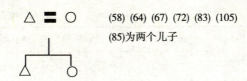

(58)(64)(67)(72)(83)(105)
(85)为两个儿子

② 这是该村三代同堂的典型家庭模式，一共6户。

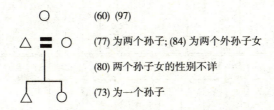

(60)(97)

(77)为两个孙子;(84)为两个外孙子女

(80)两个孙子女的性别不详

(73)为一个孙子

图8-5　哈拉塔尔村典型家庭模式（括号内为问卷编号）

　　总体来看，该村核心家庭比例依然是最高的，在调查问卷中有26户，正好占50%。主干家庭数量也较多，为18户，占34.62%。余下的几户分别为：夫妻两个的家庭（含老夫妻独守村子的家庭）有3户，父亲带女儿生活的有2户，母亲带儿子生活的有2户，孤寡老人的单立户有1户。

　　根据该村平安家庭表的户主年龄与民族差异统计如表8-5所示。

表8-5　哈拉塔尔村平安家庭户主年龄与民族差异统计

单位：人

	25	27	28	29	30	31	32	33	34	35	36	37	38	39	40	41	42	43	44
哈		1	1	2	1	4	1	1	1	1	1	1	1	2		1	3	3	1
回	2			1		2	1	2	3	4	1	1	1	3	1		3		3
维				1								2						1	
汉									1					1				1	
东乡					1	1	1		2			2	1		1				

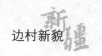

	45	46	47	48	49	50	51	52	53	54	55	56	57	58	59	60	61	62	63
哈	1	1		2	3		1	1		2	6	1	1	1	3	3			2	
回		1			1		1	1	2			3							
维	1							2	1		1	1	1						2
汉	1								2					2		1	1		1
东乡	1							2		2					1				

	64	65	66	67	68	69	70	72	74	75	76	81	82	86	95
哈	1	2	1	1		2		1	1	1	1	1			
回		2		1			1						2	1	
维															1
汉										1					
东乡			1	1			1								

从表 8-5 可以看出，该村老龄化趋势十分明显，村户主年龄最高的为 95 岁，为维吾尔族，超过 70 岁（含）的老人覆盖了全村哈萨克、回、维吾尔、东乡和汉族等多民族，共 12 人，占统计的 156 位户主的 7.69%，这还没有计算村里非户主的老人数量。年轻人分户的很少，年龄小于 30 岁（含）的户主只有 10 人，占 6.41%。人数最为集中的是 31~40 岁（含）和 51~60 岁（含）年龄段的，分别为 45 人和 42 人，分别占 28.85% 和 26.92%，其中回族在 31~40 岁（含）年龄段的占多数，有 19 人，而哈萨克族在 51~60 岁（含）年龄段的占多数，亦为 19 人，其余几个民族分布较为均衡。41~50 岁（含）的 29 人，占 18.59%；61~70 岁的老年户主有 20 人，占 12.82%。

第四节　经济生活

一　村民生活方式的变化

村民生活方式最大的变化是改变了传统简单依靠土地的农业种植发展模式，转而加大了对畜牧业的投入和其他产业的依赖。近年来，村里的奶牛养殖已经获得突飞猛进的发展，并初见成效。2005 年该村被乡里评为"全乡畜牧品种改良先进村"，获得 1000 元奖励金。因为距离县城较近，该村的牛奶户开始骑自行车或摩托车前往县城出售鲜奶。县城中心地带的农贸集合地已经成为哈拉塔尔村村民出售牛奶的重要场所，这些牛奶销售户也成为县城一道亮丽的风景线。

> 这个村位置处于县和乡之间，距离都不远。交通发达。这个村养牛历史比较久，传统上是农牧结合的一个村。乡里主要考虑在这个村发展奶牛养殖业，这个村上 70% 的人家在卖牛奶。但没有大家一起做的大型集体项目，都是个人行为。

在杜来提乡 2007 年大力发展城郊养殖业、打造供奶基地的战略中，哈拉塔尔村被确定为重点养牛村。在大力发展舍饲畜牧业的前提下，通过争取贴息贷款的方式，大量引进优质奶牛。乡里计划在该村购置奶罐，建立收奶站。在冬闲时期组织村上的养殖大户前往阿勒泰、福海、哈巴河等地进行养殖观摩。同时，在养殖大户进行暖棚、青贮窖建设方面予以资金扶持。

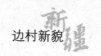

因为距离县城较近，乡里还开始积极引导哈拉塔尔村发展蔬菜种植业，以此推动村民收入的持续稳定快速增长。

在政府引导扶持的基础上，该村村民外出务工的人数也较多，从事的行业范围广泛。村里还有专司运输业、餐饮业者。村上年轻人中就有去乌鲁木齐甚至广东、四川等地学习烹饪厨师和火锅料理的。很多村民常年在外，家里的有限土地也留给老人或转包给别人种植。

对于村里目前的群众生活状况，调查问卷给出了村民自己的答案（见表8－6）。

表8－6　村民对哈拉塔尔村群众生活的满意度调查统计结果

	人数（人）	百分比（%）	有效问卷的百分比（%）
很　好	4	7.7	8.16
较　好	14	26.9	28.57
一　般	22	42.3	44.9
不　好	7	13.5	14.29
很不好	2	3.8	4.08
不清楚	3	5.8	—
总　计	52	100	100

二　村民居住状况的变化

因为是个老村，哈拉塔尔村村民的住房差异很大（见图8－6）。从调查看，房子的建筑年代最早可以追溯到建村之初的1966年，并且在当地开始实施改革开放政策后，从1983年出现了累计不断的盖房热潮，中间只是1996年和1999年没有被我们纳入调查户之中。事实上，直到我们在村里走访的过程中，依然看到有村民在利用入冬前的农忙

图 8 - 6　哈拉塔尔村村居（摄于 2007 年 9 月 10 日）

空闲之余，抓紧时间修筑自家的房屋。1986～1995 年的 10
年是该村建房的高峰期。我们调查了村里的 52 户居民，其
中有 5 户是 1994 年建房的，1986 年、1987 年、1988 年和
1993 年建房户数均为 3 户，这些都远远超过其他年份。近
年来尽管每年村里都会有新房出现，但从调查问卷的 52 户
看，基本维持在 1～2 户的范围以内。跨度较大的修建年代
导致我们在该村既能看到现代的砖混房，也能看到年代久
远的土坯房、土墙房，有些房屋基本濒临坍塌，甚至不及
发达地区的蔬菜大棚建筑。在该村村口有一户人家，因为
房子已经出现严重裂痕，只能请人用泥土混入草秆，在墙
边搭建了一个巨大的鼓包状支撑物，非常醒目，以至于一
开始我们还误以为这里是该户人家的厨房。这种加固理念
与乌兹别克斯坦布哈拉王宫外墙的弧形建筑风格颇为相似。
后者也主要是为了坚固王城的多层内部建筑的。

　　问卷反映，村里房屋面积最大的有 200 平方米，最小的
只有 20 平方米，基本上以 60～120 平方米的房屋占绝对多

数，占被调查有效问卷数的85.71%。在49份有效问卷中，房屋面积为20平方米的1户，40平方米的2户，48平方米和50平方米的各1户，60平方米的3户，65平方米的1户，70平方米的3户，72平方米的3户，75平方米的1户，80平方米的最多，有10户，84平方米和85平方米的各2户，86平方米、87平方米的各1户，90平方米的3户，92平方米的1户，100平方米的4户，108平方米的1户，120平方米的6户，126平方米和200平方米的各1户。大部分村民的住房面积基本保证了家庭所需，有独立的卧室、厨房和会客厅等专用区域，布局趋向合理。

房屋的建筑资金差异也较大。除了近几年的房屋建筑费用均保持在万元以上外，20世纪的房屋建筑费用基本上维持在数千元，有超过万元的也多为近年重新装修或以近年价格重新评估。房屋建筑费用最高的达到6万元，有2户；最少的仅为1000元，也是2户；1000～5000元（含）之间的14户；5000～1万元（含）的13户；1万～2万元（含）的8户；2万～3万元（含）的3户；3万～4万元（含）的4户。从这些统计结果看，在46户登记住房建筑费用的村民中，比例最高的是5000元以内的，有16户，占34.78%；5000～1万元的13户，比例为28.26%。两者合计63.04%。万元以上的一共17户，占36.96%。房屋建筑年代较早，当时物价水平较低，是房屋造价低的一个主要原因。而且，村民建筑房屋更多地选择自建，也适当节省了费用，节约了成本。我们在村里就看到至今有的村民在建筑房屋时也采用自打土砖的做法，虽然要耗费一定的劳动，但可以很好地节约建设费用。政府给予的住房补贴也减少了造房开支。

村里房屋建筑形式以土木结构为主，一共有 29 户，占被调查有效问卷 46 户的 63.04%，其次为砖木结构，15 户，占 32.61%，砖混结构最少，为 2 户，占 4.35%。被调查住房中没有抗震安居房。房屋未装修的占大多数，为 41 户，占回答此问题的 47 户的 87.23%，未装修 6 户，占 12.77%。在装修户中，安装土暖气的最多，有 6 户，其余为瓷砖地面、简易卫生间等。

出于对哈拉塔尔村各方面情况的综合考虑，尤其考虑到该村人多地少矛盾突出，村民收入水平相对较低，政府已经开始对该村实行分迁工作。在该村历史上，多次出现过类似的迁移行动。为鼓励村民尽快完成搬迁，政府已经为每户迁移居民给予一定的物质和资金补偿。对达到抗震安居标准的，补偿幅度更高。

从 1984 年开始至今，我们已经在 1999 年、2000 年又迁出去了 55 户，在那边分地了，每口人按照 10 亩分的。大家都愿意迁过去，今年正在建房呢！乡里给每户迁居户补贴了两万块砖和两袋水泥用于盖房子。经过二次分配后，地分到那边的人家就可以迁过去。我家在那边就有地，所以可以迁出去。已经盖房子了，大约有 80 多个平方。一家 4 亩地（宅基地），连小房子就多了，可以到 2000 个平方。按照抗震安居的项目安排。我们愿意房子盖好后搬过去，地在那边呢！这里地太少了。因为要做生意，我这里还不能全部放弃，得在这里居住。孩子大了后不行的话让他们过去，我得为他们将来着想。

三　村民经济生活的变化

哈拉塔尔村村民的经济生活也在近年来出现了巨大转变。

调查中我们发现该村村民绝大多数人家都有电视机，而且彩色电视机的配置率还很高。在被调查的 52 户人家中，电视机占有量为 47 户，占 90.38%，其中有彩色电视机的人家为 37 户，占 71.15%，拥有彩色电视机的户数占拥有电视机户数的 3/4 强。有录音机的被调查户为 20 户，基本上占总调查户数的 2/5。电冰箱比例亦较高，为 33 户，达到 63.46%。洗衣机的拥有量也不低，为 22 户，略强于 1/2。这些都说明现代家庭用品已经开始逐步走入祖国西北边疆地区的农村用户家中，并开始很好地服务于村民日常生活。电冰箱的使用可以使村民一年四季有可能吃得上鲜肉鲜菜。洗衣机的使用能降低妇女的家务劳动强度，只不过当地自来水尚未普及，村民还使用压井取水，因此洗衣机自动化还只能是一个未来的美好目标。哈拉塔尔村所处的阿勒泰地区气候条件较为温凉，夏季不热，村民的电风扇使用率不高，只有 7 户被调查者家里有这种降温设备。

该村的农业机械普及率较高（见图 8-7），全村小四轮拖拉机的使用户数超过一半，被调查者中有 23 户有小四轮

图 8-7 村里的农用机械（摄于 2007 年 9 月 12 日）

拖拉机，达到被调查者总数的44.23%。另外1户有大拖拉机，2户有小车，17户有摩托车，22户有自行车，其中1户有2辆自行车。交通工具和农用机械的普及情况可见一斑。这多少也与该村便利的交通条件与近郊的绝佳地理位置有关。除了一些小四轮、脱谷机和脱葵花机等简单机械外，这里没有大型农业机械和榨油机之类的加工机械。有脱谷机和脱葵花机的大约为4家，也租给村子里其他人家用。这几家基本上属于本村条件好一些的人家，他们还是有想法要进一步扩大经营规模，但对于几家联合的问题目前还没有考虑。

作为一个老村，村里的老人很多还保留着缝纫机等简单的家庭机械。该村的有线电视基本使用的是各家各户自购的小锅，因此，几乎在有电视机的人家你都能看到房顶上的锅和电视机上方的接收器。村里人接受外界事物的能力也随着经济条件的好转和见识的增多而提高，已经有2户村民的调查问卷中反映出自家有照相机等奢侈品，被调查者中有30户安装了电话，其中9户有2部电话（含手机）。

当被问及对目前生活状况是否满意时，有23户回答满意，占被调查问卷的44.2%，而回答不满意的16户，占30.8%，回答一般的11户，占21.2%，另有2户感觉说不清。在回答不满意的村民中，很多人寄希望于未来，非常愿意通过今后的努力进一步提高家庭收入，不断改善自家的生活状况，为达到自己预期的美好生活目标而奋斗。因此，认为今后生活状况会越来越好的有29户，占被调查者的绝大部分，为55.8%；对今后生活没有把握的居第二位，有17户，占32.7%；认为未来可能越来越差的5户，占

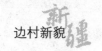

9.6%；认为未来和现在差不多的1户，占1.9%。当然，村民出现如此高期望值并非空穴来风。有37户村民认为与过去五年相比，自己家的生活状况"更好了"，比例高达71.2%；认为没有变化的10户，占19.2%；有5户认为越来越差，占9.6%。这说明总体来看，这个西北地区的多民族聚居村的经济发展依然呈现良好的上升态势，绝大多数村民对自己当前的经济发展势头和家庭生活状况还是持肯定态度的，这也是他们对未来前景依然充满信心和期待的基石。在调查问卷中，认为自己家的生活状况在村里和大家差不多的有20户，占38.5%；认为较好的有11户，较差的10户，分别占21.2%和19.2%，比例接近；认为很好的只有3户，占5.8%，很差的8户，占15.4%。由于调查期间正值秋收农忙季节，且入户调查往往需要家里有能掌握全家情况的主人在家以便于给我们介绍情况，这也就直接导致一些村里的富裕户因为忙于农业生产或外出挣钱，无暇参与我们的调查，而更多留守家中的贫困户因为无事可做或无力做事，却能更多地反映在我们的调查问卷当中。该村是全乡有名的贫困村，这种情况从一个侧面反映出村里出现的问题的症结。

问卷反映出全村几乎所有的经济发展层次情况，因此较真实地反映出当前定居村民的经济生活心态。村里一位前任村干部告诉我们：这个村里的特困户达到10多户。村里贫富差距还是比较大。比起我当年当村长时期看，现在的贫富差距越来越大了。我是1997年做村长的。当时富裕户还没有现在这么富，而穷的人现在还是那么穷。我认为穷困的一个特别原因主要是头脑僵化，光知道种地，其他方面没有那个意识。因病致贫的也有。例子有2户。主要是老人病了，拖累整个家里。也有家里一直有病人，但没有突然病了导致贫困的。

　　家庭存贷款情况最直接地反映着村民目前的经济生活与家庭状况。2006 年这个村有部分群众家中有一定的银行存款，最高的 6 万元，少的也有数千元。这些存款群众基本上覆盖了村里的主要民族成分，有哈萨克族、汉族、回族和东乡族。当然，与银行借贷款的情况相比，这种银行存款情况还是比较少。2006 年村里很多人出现了私下里相互借款的情况。当年村里私人借出款最高额为 4 万元，其次为 2 万元，余下的还有 6000 元、5000 元、4000 元和 1000 元等各种情况。2006 年村里人从信用社借贷款情况也较多。问卷显示，最高的借贷款额为 35000 元，有 2 户，这种高额贷款往往需要五户联保，并且用于购买大型运输或农用机械等。最低的借贷款额为 700～800 元。借款数额出现最多的是 8000 元，有 3 户人家，其次为 1 万元、3 万元和 3.5 万元的，各有 2 户。总体看，该村的信贷情况较好，数额也较大，这说明村民更多地将信贷款用于扩大再生产，而不是简单的农牧业劳作。截至调查时依然有欠款的有 19 户。从历年欠款未还数可以看出，很多村民的欠款数额较大，最高的有 6 万元，超过万元的有 9 户，几乎占问卷调查中有历年欠款者的一半。其中，1 万（含）～2 万元的 3 户，2 万（含）～3 万元的 3 户，3 万元以上的 3 户。万元以下的欠款数额都不大，基本在 5000 元以下。其中，8000 元、5000 元和 4000 元的各 1 户，3000（含）～4000 元的最多，5 户，余下 2 户为 700 元和 800 元。历年欠款出现的一个主要原因是当年借贷款尚未归还，问卷显示，只有 3 户人家的历年欠款与当年借贷款无关。当然，有些村民家的历年欠款也在当年借贷款的基础上有增加，这也反映出他们过去的确存在着未能及时归还银行借贷的情况。

在9户归还2006年贷款的家庭中，有5户已彻底归还了信用社贷款，超过了一半；另外4户不同程度地减轻了自己的贷款压力。当年归还贷款额最多的为15000元，最少的3500元，剩余的都维持在5000～10000元（含）之间。

贷款上，现在不算太难。一般是五户联保，要根据你家庭的经济状况、种地数量、养殖情况，估算出贷款的具体数额。贫困户贷款也没什么问题，可以村里出面的。但他们贷款数达不到我这种水平（注：3.5万元），主要看地的多少。信用社的利息不算高，但也不低。主要是农村信贷，其他的银行没有贷过，贷不上。我的汽车是自己买的，全自己出，没办法贷款。买这个车花了2万多元，二手车。还了贷款，去年分地的时候再贷一点，拆补一下就可以了。

四 出现的社会分层及其原因

哈拉塔尔村村民的贫富差距较大。我们调研过程中发现，有的村民家里食不果腹、房不避雨，有的特困户只能依靠村里人的救助或拣别人家的菜叶子过日子，就这样还背着私人欠款。调研的第三天正好遇到村里来了当年的扶贫牛。由于这种牛来自山东，需要经过一段时间的过渡才能适应当地的生活环境，因此村里决定这段适应期实施集体饲养，需要每个贫困户为每头牛的适应期缴纳50元的饲养费。但就是这50元饲养费也难为了一些特困户。有的村民为了表达对我们到来的欢迎，不断地给我们提供帮助。

我们临走前，村民送给我们一包自家种植的葵花籽以示心意，并歉意地表示，因为家里贫穷，没有钱给我们更好的礼物。这让我们感动万分。

村里有 10 户富裕户。这 10 户富裕户分布于各个民族中，有哈萨克族、回族、东乡族、汉族等。大家的水平和项目很接近。还有一些保留了地，然后去做生意的，还有出去开饭馆的，在县里有 2~3 户。他们的收入状况也还可以。

1990 年之后开始有人想办法从事其他产业挣钱了。有些人开始出去打工，有些人开始买机械干活，做生意的也有。

村里一位前任村干部也是村富裕户之一。他告诉我们：我一直在做生意，主要经营牛羊买卖。1988 年开始，重点销往昌吉、乌鲁木齐。我有固定的点，自己有车，开车过去。村里像我这样通过做生意减少耕地收入压力的人家主要有 10 户，他们的生活水平在村里属于比较好的。乡里其他村和村里其他人也有看见我们经营成功后想学着做生意的。但有很多困难，如资金缺乏、力不从心，还有一些只是会种地、承包地等。

村里人出现贫富分化的原因是多方面的。从我们调查的简单表象看，可以发现，村民不团结导致整个村经济处于各自单干、无人挑头的状态，更无从谈起规模效益了。有些村民眼高手低，大事干不了，小事不愿为，也不利于致富。围绕土地产生的矛盾纠纷一直困扰着整个村数十年。但如何摆脱地少的困境，发展其他产业甚至包括畜牧业，以获取更多的资金收入，依然不在很多村民思考的范畴内。因为没有经验或资金，很多人不愿意去冒险，只能因循守

旧或等靠要，这也与致富理念相去甚远。村里一位靠运输业致富的村民告诉我们：我开车已经20年了，中学毕业后就开始开车，开始开康拜因。村里这种有技术的年轻人，尤其是男人不多，只有4~5个。因此，在村里找驾驶员不好找。我现在雇驾驶员从外面村里找。现在村里年轻人没有那些机械就不去学，也不愿意花钱去学。

当然，村民中还有一部分人的确是因病致贫的。调查中有一位四川来的村民，家里原本状况还好，但因为丈夫生病，家里主要劳动力出了问题，全家从此一贫如洗，每况愈下。在村里的路上，经常看到残疾或生病的老人，如果这些老人家里的底子不够殷实，孩子不够勤奋、聪颖，也很难保证这些人家里不会受到疾病和贫困的困扰。

贫富差距在不同民族间也有差异。作为村里最主要的两大民族，村里的哈萨克族和回族的经济收入情况稍差。目前在我们村经济收入状况稍差些的还主要是哈萨克族和回族群众。回族尤其是一些老人没有上过学，只能靠种地过日子，收入提高自然受到限制。这个村里有40%以上是回族。这几年随着视野的开阔，开始有回族群众出去打工、包地种地挣钱的，情况有所好转，生活条件有了改善。前些年不行。

我们调研中就碰到一位名为马文玉的老人，是一位老村干部和老清真寺负责人，他就面临老无所养的问题。

马文玉，原系核工业某公司职员。1961年因"加强农业第一线"被下放到甘肃临夏积石山县普川乡下庄大队。多年来马文玉一直不断上访，因为其每月退休工资只有23元，不足以维持生活（见图8-8）。

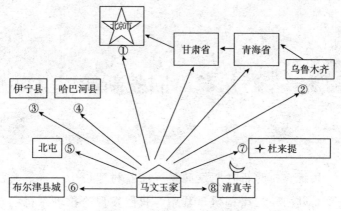

图 8 − 8　马文玉出行路线

注：① 2007 年曾经去国务院信访办上访；② 过去去过、路过 10 ~ 20 次，2007 年 4 月去内地时又路过 1 次；③ 1961 年刚下放时去过 1 次，1998 年去过 1 次；④ 一年去 1 ~ 2 次；⑤ 前几年去过；⑥ 最近去县信访办 6 次，1 个月去看一次女儿；⑦ 每天或隔三岔五去乡里；⑧ 每天做五次礼拜。

附录：马文玉申请材料

关于申请低保金的申请材料

　　本人于 1956 年 3 月应征入伍，(19) 60 年 3 月复员，复员后被安排在中国核工业 21 公司，(19) 61 年被下放回家，(19) 65 年来疆一直在杜来提乡一大队至今。从 (19) 88 年开始每月由原公司发给我生活费 23 元。众所周知，23 元连 3 碗面都不够，怎能够一个月的生活呢？况且本人还有一个 87 岁的老母亲，家属多年来一直有病，不能劳动，特别是近几年已达到生活不能自理的程度，这对现已 70 岁的我来说，确实无法维持生活。为此特申请低保。请组织审批。

申请人　马文玉

2007 年 8 月 6 日

第九章　旧貌新颜

　　传统农村的新时期发展是当前农村建设中亟待解决的一个难题。在这次调研过程中，我们发现哈拉塔尔村的新型农村建设具有一定的典型性。作为一个地处县乡结合部的老村，该村交通便利，开发时间较长，但也出现土地与人口的尖锐矛盾。该村不断实施改造和搬迁方案，希望能借此解决人地矛盾，化解经济发展与环境变化的冲突，同时充分利用距离县乡两级政府近的地理区位优势，实现老村的旧貌换新颜。

第一节　基础设施建设

　　从地理位置上看，哈拉塔尔村位于217国道以北，西距布尔津县城9公里，是全乡离县城最近的村。该村距离杜来提乡政府驻地也很近。许多村民和村上的孩子就通过自行车甚至步行前往乡里办事或就学。

　　哈拉塔尔村还是一个开发时间较长的村落。如果从1951年当地开始建设中华人民共和国第一批地方政府机构开始算起，这个村的历史已经接近60年。而实际上这里最早开始有人类聚居从事农牧业生活的历史应该更为久远，具体时间已无据可考了。哈拉塔尔村便利的自然地理条件是造成该村人类居住历史悠久的重要原因。随着新时期党的新农村建设项目的贯彻落实，加强对村及其周围基础设施建设成为地方工作的一项重点内容，也成为重现这个历史村落现代辉煌的重要工程。

一　道路

这个村的道路条件还是比较好的。与县上其他村子的道路情况相比，哈拉塔尔村新修的连接乡政府与 217 国道的穿村公路质量算得上很好了。我们第一次经过时甚至还误以为这是国道的一个辅道。这条道路是 2006 年在乡里的支持下，由乡党群、武装党支部党员捐资雇挖掘机为哈拉塔尔村铺设的。道路的整体质量较高，经常看到来往县乡的车辆穿行而过，不时还有村里的摩托车、小四轮拖拉机往返忙碌，让人感受到道路便捷带来的巨大实惠。只有当你有时在路上遇到成群的牛、羊、火鸡等家畜、家禽，或满载农业收获产品和收工的村民的农用车辆时，你才会感悟到这只不过是一条乡村道路，是连接村民生活现实与未来的希望之路。从收工后村民热情洋溢的笑脸上，你能感受到大家对当前生活的美好愿望和对未来的热切期待。

如果考虑到村南擦村而过的 217 国道，整个村子的交通条件应该说非常便利。不论是进入村子的物资还是运出村子的农产品，都能很顺畅、快捷地到达各自的目的地。经常能看到村民们用自行车将自家收获的牛奶拿去县上销售。这种鲜奶买卖成为布尔津县城一道亮丽的风景，也为哈拉塔尔村村民致富提供了一条其他村所无可比拟的便捷通道。

乡村公路还得到村民的热心保护。在村中心那一段，村民们在道路两边安设了一些防护桩并围起了栅栏，这样能够防止突然穿越道路的行为给过路的车辆和人员带来不必要的伤害。在走访期间，我们也没有发现村民在道路上晾晒作物的情况。大家很自觉地将作物堆放在各自的院落或村子的草场上，并没有占用道路应有的使用价值。

　　除了这条新修的穿村路之外，村上其他的道路状况相对较差。这也与我们最初了解到的情况相似。村民们住宅之间的小路往往都是土路，靠近村子两头的宅院有的还基本上没有路可通，如果想过去得有专门认路的人带进去，或者就得跨越水沟水渠，十分艰难。为了完成访谈和调查问卷，我们的调查人员就借助当地人的指引或依靠当地人的摩托车，才勉强到达了边远一点的几户人家。由于村里人多地少，县乡村各级政府已经考虑新的村落建设和老的村子搬迁计划，改善居住房屋周围交通条件好像并未引起居民注意。

二　电

　　村里的电比我们想象的好一些，使用起来没有或明或暗的现象，这可能与该村靠近县乡的重要地理位置有关系。据说这也是近年来乡里大力实施的农村电网改造取得的显著成果。村民们介绍说：

　　　　这个村的电是 1994 年冬天通了的，当时大家每户集资 400 元，其他不足部分由乡里和县里的项目补助。马路上没有路灯。2006 年开始农村电网改造，每家要了 200 元电线杆钱。现在基本上没有晚上电灯闪烁不定的情况，一般只是遇到大风天气才可能出现偶尔的停电。

从村民的上述介绍可以看出，村里经过农村电网改造后的电的供应和使用情况还是比较令人满意的。为了全面落实党的新农村政策，在农村电网改造的同时，政府还实行了城乡电网同网同价。农村电价已经由之前的0.8元/度下调为0.43元/度，电价下降幅度高达46%。农牧民因此可以享受到更为贴身的优惠。哈拉塔尔村的村民还拥有一定的农业机械，部分机械的使用也需要一定的电力支持。稳定的农村电网设施和低廉的价格可以很好地为农民增产增收增效服务。

三 水

处于边远地区的哈拉塔尔村目前还没有通上自来水。在杜来提乡调研时我们了解到，自来水供应在乡政府驻地也并未完全实现，这多少与当地的资金、技术、自然条件和人们的居住格局等多种因素紧密相关。

在哈拉塔尔村，我们可以在各家各户的院落里看见一个压水井（见图9-1）。一些村民还主动为我们展示了这种

图9-1 压水井（摄于2007年9月10日）

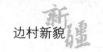

井的使用，看上去比较方便。但也有村民告诉我们，由于阿勒泰地区冬季十分寒冷，经常会因冰冻造成压水井旁结冰的现象，十分容易滑倒摔伤。村里人用这种井水解决了日常生活的需要，而对于农业用水，则只能依赖村北流过的额尔齐斯河了。

由于长期的农业开垦，村里出现了严重的盐碱，许多房屋因此毁损，村民的身体健康也受到碱化水的影响，出现高残疾率的现象。从村里走过，经常遇到身高很矮、驼背、瘸腿的村民，有些年龄稍大的村民也早早患上了高血压、脑溢血等疾病，丧失了基本劳动能力。

四　通信

村里的通信状况还是比较先进的。我们调查的住户中，绝大多数都安装了固定电话。

村里电话是 1999 ~ 2000 年开始安装的。当时村里将近有 60 户人家装了电话。现在已经达到 100 多户了。基本上装完了。当时安装电话费用是 200 多元，现在不要钱了。

在我们看到的哈拉塔尔村 156 户平安家庭表中，登记有固定电话号码的 45 户，移动电话 3 户。当然，这其中还有很多群众没有登记这方面的信息。在哈拉塔尔村，不论是走访富裕家庭还是贫困户，基本上都能找到 1 ~ 2 种通信工具。村民对此已经习以为然。大家也都认为，现代市场经济条件下，装备简单的通信工具是必要的，能够增进与外界的沟通和了解，同时也方便了自己家庭内部的联系和村里各种活动的安排。

这个村的手机信号总有问题（见图9-2）。我们的手机在这个村里经常遇到没有信号的情况，而且一般是在马路上有，进了房间就没有了。有时候在这家人家没有，隔壁人家就有。我们调研期间也亲眼看见村干部到院子里走动着打"移动"电话的情景。访谈中我们了解到：当地人多使用的是联通手机，移动公司的网络覆盖在这个村子里有一点盲区。去年联通的来搞了，但移动没搞。具体不知道为什么会这样。这里两家公司都有盲区。上路了有信号，家里又没有了。联通有发射架，移动在3公里外的杜来提有，距离都不远。

图9-2　移动的手机信号（摄于2007年9月10日）

五　电视

村里的有线电视主要还是锅（见图9-3）。各家各户一个转换器。与统一安装有线电视的费用和收视情况相比，锅的效率更高，更实惠。有线电视改造，国家政策三令五申，但实际上有线电视很难覆盖到农村，而且成本太高。

一个小锅只要200多元，便宜的100多元。老百姓买回来看几年，不用缴纳收视费，坏了可以继续买新的。

图9-3　村里的电视接收装置（摄于2007年9月10日）

近年来，国家投入大量财力、物力和人力，实施了广播电视进万家、"村村通工程"、"西新工程"、"广播电视城乡联网"等诸多项目，大大提高了农村地区的广播电视覆盖率。但由于资金匮乏和维护困难等诸多原因，很多时候农村偏远地区是很难实现微波电视入户。考虑到哈拉塔尔村的贫困现状和即将实现分流搬迁的现实，当地的广播电视管理部门只是对村民自己购买的锅进行了登记和调试，而并未强制推行有线电视安装入户。这样既满足了村民收看有线电视的需要，也减少了他们安装有线电视增加的一笔费用。我们收有线电视的锅都是老百姓自己买的。当时县里统一安装，老百姓参与得太少，就算了。各家自己买锅装了。政府今年（2007年）进行了登记，对某些台进行了查封。装锅最多的是去年（2006年），但前年就开始有装的了。而在此之前我们基本上没有有线电视看，只能看两个无线台播出的节目。

当然，对于调试后部分节目收看受限，也引起了一部分居民的不满。他们发牢骚说，因为调试导致他们听不到中央政府的声音了。而我们在这些居民家座谈时也注意到，这些人家正在播放的电视节目中，中央电视台的多个频道节目并未受影响。新闻、娱乐、社会生活、科教文卫、农村科技等方面的节目内容基本能得到保证。

第二节　大型项目

大型项目的实施是实现传统农村地区向新型农业发展区域变革的重要方面。我们进村调研时，正赶上村里的两个大型项目进行之中：一个是穿村而过的 4 公里防渗工程；另一个则是为解决村里日益严重的人多地少、水资源困难问题而实施的抗震安居搬迁工作。

哈拉塔尔村 4 公里防渗渠是为了解决村里农田水利设施基础薄弱，农业和人畜用水面临困境，而由当地政府落实实施的一项重要工程，也是为了应对该村人水突出矛盾，解决村民致富之路的重要工作。尽管初衷很好，但当地村民依然告诉我们：村子的农田水利基础薄弱，今年（2007 年）开始修防渗渠，但修渠选在了 8 月，正好没水，时间上选择的不对。为什么不选择 9 月、10 月份呢？村民的这些疑问反映了村民对防渗工程未来效果的担忧。

修造排碱渠是解决村里部分民房因水土盐碱化和渗漏造成破坏而变成危房的一项重要工程。我们亲眼看到，哈拉塔尔村的排碱渠沿 217 国道线，从很多村民屋舍旁穿过，到村西穿村公路拐弯处附近，出现了向西北方向的折弯，

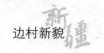
进而一直向西北延伸。尽管工程项目还在进行之中，我们已经能闻到渠道中的污水散发出的浓重臭味。渠道旁边的房屋能看出明显的坍塌或毁损印迹，有些墙壁上有明显裂纹，还有一座路边的民房干脆用泥土夯搭了一个厚厚的支撑物维系着整个房屋的框架结构，形状颇似古代布哈拉王宫用于抵御夏季热浪而修建的防护墙。

关于哈拉塔尔村的搬迁工作，我们在县乡两级调研期间已多有耳闻。进村调研时，该村的乡里挂职村书记因为带人到新村址负责一线新房建设，已经无暇顾及我们的调研。由于村民的意见难以统一，这项便民利民工程一直有些磕磕绊绊，进展并不顺利。经过县、乡、村三级政府多年不懈的工作，2007年终于成功落实32户村民在新居民点进行新房建设。为监督、规范、全面落实新房建设工程，村书记不辞劳苦，亲自在一线全程坐镇指挥，确保工程保质保量、按期完成，同时也有利于解决当地村民建设过程中出现的各种突发问题。

根据国家抗震安居工程项目的实施方案和具体安排计划，此次搬迁工作十分重视房屋的设计与质量（见图9-4）。对施工单位和乡村工匠采取了培训制度，并要求严格按照图纸施工，遵守施工的安全与质量验收标准，真正做到新建农房达到抗震安居要求。同时，地方政府还对实施搬迁的农户给予了一定的资金和红砖、水泥等实物补偿，并为他们在新建房屋周围规划了新的面积更大的承包地，从而从根本上解决了该村严重的人地矛盾。

在2005年新疆维吾尔自治区财政扶贫资金项目计划表中，明确将哈拉塔尔村的农业低产田改造列在第一位。该项目计划在2005年对哈拉塔尔村3000亩农业低产田实施改

图 9 - 4　建设中的新居（摄于 2007 年 9 月 11 日）

造计划，项目总投资 62 万元，其中向自治区申请资金 20 万，当年自治区安排资金 20 万，均为跨乡跨村资金。项目计划扶贫户数为 130 户，项目负责人为钟开智。

第三节　未来规划

实现古老的哈拉塔尔村旧貌换新颜的目标，落实党的新农村建设项目，的的确确是一项系统性工程。为全面落实这一服务于民、致富当地的民心工程，哈拉塔尔村党委也根据县乡多级政府安排，抓好了全方位工作。调查时我们在村当年材料中看到了关于新农村建设的相关信息，其中清晰地反映出该村"积极发展现代农业，扎实推进社会主义新农村建设"工作的长远目标。为切实落实这一目标，村里成立了自己的新农村建设领导小组（见下表）。

从哈拉塔尔村 2007 年的工作安排与总结中，可以看出该村已经在全面落实新农村工作中展开了积极努力。

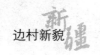
表 9 - 1　哈拉塔尔村新农村建设领导小组名单

组　长	塔斯恒
副组长	钟海
成　员	马军、叶尔津、张文全、古丽巴合提

一　实施了村民搬迁工程

尽管 2007 年的搬迁工作只是一个开始，但很显然，搬迁将带来村民们生产、生活条件的重大改善，对于转变当前村民大部分只能拥有人均 2 亩地的窘迫状况，将是一个良好的开端。由于国家自 20 世纪 70 年代末开始实施的土地承包制度实施至今已经 30 年，如何实施新的土地再分配是一个众所关注的难题，也是直接关系农民如何增产增收的瓶颈，因此，此次搬迁活动将为当地年青一代的农民获取生产资料提供一次机遇。当然，如果能借助扩大的耕地面积，结合年轻人的知识水平与当前日益推广的新型种植技术，完全可以利用村上的区域和交通优势，发展特色农业种植，提高农产品的经济单产和收入水平。这也将为下一步农村经济改革提供一定的可资借鉴的经验。

二　哈拉塔尔村的一大特色是养殖业发达

尽管总体上该村是乡里挂牌的一个贫困村，但并不妨碍村里的奶牛养殖与牛奶生产。作为县里挂牌的"百头优质奶牛村"，该村的牛奶生产与销售在整个县城的生产、生活中占有特殊的份额。当然，当前影响整个奶牛养殖与牛奶业发展的主要问题还是研制规模与牛的品种选择。与其他地方不同的是，该村村民接受外界信息量较大，因此已经主动认识到这两方面问题的重要性。一方面，通过挖清贮窖和建渐暖棚改善奶牛养殖的基础条件，另一方面，则通过引进优质奶牛品种，同时借"冷配"等技术手段改良现有奶牛品种。通过上述两大方面的工作，能够不断地提高村奶牛养殖工作的可持续发展。

在养殖奶牛的同时，哈拉塔尔村的其他家禽、家畜养殖也很丰富。村公路上就活跃着村民养殖的火鸡，有些人家还养殖了兔子，鸡、鸭、牛、马等也很常见。

三　富余劳动力转移是新农村工作的一项重要内容

在该村村民积极与外界联系，并积极外出务工的良好基础上，村里依然按照县乡两级政府的安排，积极做好农村富余劳动力的转移工作。例如，哈拉塔尔村积极组织村民参加各类技能培训、科技种植养殖技术培训、防止病虫害技术培训等，并组织村民参加上级政府集体联系或组织的外出参观学习，认真倾听外来科技人员的专题科技讲座等。这些既开阔了村民的眼界，也提高了村民的科技发展意识与科技技能水平。

2007年在上级部门的积极支持下，哈拉塔尔村的村委会办公室实现了彻底新建，并完善了远程教育功能，从而保障了农村基层村能够及时有效地收看到各类农村科技知识教育信息。

同时，哈拉塔尔村还利用布尔津县作为全疆旅游大县的品牌，依托交通的便利，大力发展地区少数民族特色工艺品和农家乐产品。尽管这还是刚刚起步，但其未来前景十分广阔。

四 做好基础设施建设，改善村容村貌

2007 年哈拉塔尔村已经按照县乡政府的大力支持实施了一系列涉及农田水利、道路、住房等关系农民切身利益的重点基础设施项目建设。其中，很多项目的实施只是一个开端，是一个长期的、需要不断强化和完善的工程。这也充分体现在广大村民对现有项目的关注与未来的担忧上。要让工程成效落到实处，让百姓放心，才能确保这些重点基础设施建设项目的实施初衷。

村容美化、绿化是新农村建设的一个较高指标。哈拉塔尔村村民十分热爱生活，这可以反映在许多人家尽量会利用自家的院落种植一些花草树木上。由于整个地区都存在一定程度的沙化，村委会还将组织青年党团员干部每年进行的绿化造林活动当做村容建设的一项长期工程。2007年 4 月 25 日，该村全体团员青年在党支部带领下，前往别斯铁列克植树造林。如果再算上国家大力提倡的退耕还林和村民们日益提高的环保意识，整个地区的绿化工作将在短期内有望取得突破。这也将极大地改善当地已经退化的环境，提升地区的旅游价值。

村里的文体、卫生事业建设也开始提上议事日程。闲暇之余，村民们开始积极参与乡里组织的各类文体活动，丰富了自己的文化生活。同时，加强各家各户和公共场所的卫生工作也开始引起村民的日常关注。尽管很多人家居住的依然是旧房屋、旧院落，但无论你何时进去，都能感觉到户主人精心打扫后的痕迹。村里已经开始建设集中的垃圾收集点，初步实现了垃圾的集中销毁。

除了建立以村干部为首的该村环卫工作领导小组外，

村里还制定了自己的爱国卫生工作计划。根据"爱环境、讲卫生、讲科学、树新风"的工作要求，该村将美化、绿化、净化作为工作重点。在加强宣传、严格制度、党团员积极带头基础上，村里还制定了结合本村实际的"除四害"与农村改厕工作目标。在 2007 年的农村改厕计划中，有 9 户村民列入重点计划实施名单。这种"年年有计划、处处有重点"的做法将保障整个爱国卫生工作做到有节有序、稳步推进。

"平安农村"是新农村建设的又一项新内容。哈拉塔尔村根据自身特点，积极组织了自己的联防队伍，同时加大了对村民安全意识的宣传，很好地震慑了村里一度出现的小偷小摸的不良社会行为。考虑到村民们拥有一定量的农业机械设备，村干部还将每年的农用机械及其配套设施的使用和检验作为一项必须的工作，认真抓落实，确保平安生产。对于过去并不受到重视的消防工作，村里也开始建立了专门的领导管理小组，确定了专门的管理人员，努力做到有专人负责，并通过扩大宣传，提高村民的消防意识，通过消防队的工作和消防宣传，以领导带头抓落实为基础，将该村的消防隐患防患于萌芽状态，真正实现"平安农村"。

第四节　结语

在本书即将完稿付梓之际，我们欣喜地获悉，哈拉塔尔村的各项建设事业不断取得新的成果。该村现已通过基层村民民主选举选出了自己的村长和村书记——马占林。这是一位东乡族干部，是村里出名的较早致富的富裕户，

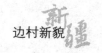

曾经担任过村干部,在村民中有较好的声誉和影响,也对村民们走致富道路起过积极的示范带头作用。在哈拉塔尔村调研期间,他也曾与我们照过面,并对村里的建设与未来发展规划提出过很有创意的构想。马占林的当选,充分体现出哈拉塔尔村村民求致富、谋发展的迫切愿望。

村子的搬迁工作也在县、乡、村多级政府的关心指导下,取得了良好进展。实际上,据我们调查所知,自 1997 年以来,乡党委政府为解决哈拉塔尔村人多地少的矛盾,先后为该村划拨土地 4100 亩。2007 年 5 月,为降低东开发区有地农户的运输成本,该村开始实施搬迁,每户使用地(住宅)4 亩。为保障搬迁工作能够真正服务于村民,并切实维护村民搬迁后能够获得良好收益和生活环境,县、乡、村多级政府也制定了相关鼓励政策和规划措施。

(1)县扶贫办投资 10 万元,为 21 户建立暖棚。

(2)乡政府为每个搬迁户解决红砖 2 万块、水泥 2 吨;砌墙每户补贴 400 元;为每个搬迁户解决 1800 块空心砖垒围墙。

(3)投资为搬迁点进行道路、桥涵、绿化、水房建设等。

(4)村上为每个搬迁户补助 1500 元。

2009 年,布尔津县将哈拉塔尔村确定为当年新农村建设重点整治村。计划在东开发区完成两纵一横 3 条主街道绿化带防渗渠修建,安设涵管桥 16 座,修建大桥 1 座、小桥 12 座,投资 20 万元进行通电照明设施建设,修缮 30 户围墙共计 200 米,并对大小门统一规范,新建暖棚 20 座,新建青贮窖 10 座,建设卫生厕所 30 座,庭院绿化 30 户,对 735 米主街道进行绿化,种树 490 棵,完成 30 户小房建设和饮水井建设，粉刷房屋 4020 平方米，修建泵水站 1 座；完成抗震安居房建设 80 户。

截至目前，已完成 36 户的房屋主体建设（另有 4 户正在筹建中），暖棚、围墙、小房子的建设正在进行中；同时完成了一纵两横 3 条主街道的初步平整；完成 1.6 公里街道绿化带的开挖，种树 880 棵，修建桥涵 3 座。经过近两年的艰苦努力，哈拉塔尔村东开发区新建居民点已初具规模。

在现有成绩基础上，县、乡、村三级政府还计划在近期内进一步完善新开发区的基础设施建设，从而提高新居民点的居住水平，进一步改善村民的居住环境。这些即将实施的基础设施项目包括如下内容。

（1）完善道路建设，按着通达标准对两纵一横 1368 米主街道进行铺垫。

（2）防渗渠修建，对两纵一横 3 条主街道两旁的绿化带进行防渗。

（3）通电。目前水泥电线杆已经到位。

（4）进行庭院及街道绿化、卫生厕所、青贮窖、房屋粉刷等。

我们已经看到了一个美好的哈拉塔尔新村光辉灿烂的前景。

后　记

从接受调研任务到最终修改定稿，历时两年有余。中间几经沧桑，终于付梓，不觉心里舒坦许多。

2007 年接受调研写作任务时，内心十分忐忑。以往也有过下基层的经历，但多是听取相关部门的汇报，而此次调研则要求我们入户，搜集第一手资料，这是实际工作中最困难之处。所幸在当地政府和调研组成员的共同努力，以及当地群众的大力配合下，整个调研任务得以顺利完成。

国家实施的土地承包、包产到户政策迄今已近 30 个年头。在这些年的发展过程中，中国农村尤其是西北少数民族聚居地区的农民生产生活出现了翻天覆地的变化，但这些变革也隐含着许多深层次的矛盾与问题。本书是在对新疆维吾尔自治区北部阿勒泰地区布尔津县杜来提乡哈拉塔尔村的实地考察调研的基础上撰写完成的。作为一个较早开发的区域，这个村传统的优势——靠近县城、乡政府、国道的优越地理位置，正经历着新的生存压力。

本书稿为综合性调查项目的文字成果，内容涵盖布尔津县杜来提乡哈拉塔尔村经济、社会、文化、风俗、基层组织建设、民族关系、宗教活动、未来规划等方方面面，是首部全面反映布尔津县农村经济社会发展的图书。作为综合性调查项目的文字反映成果，本书最大限度地保留了调查期间获得的一手资料。在写作过程中，大量使用了实地调查获得的各种访谈、问卷调查和各级地方政府部门的材料。为便于写作和识别，这些材料用与正文不同的楷体明确标识，基本保持原采集内容，未进行修改。

书稿中大量使用的数据、材料均为调研期间获取，除特别标注外，本书资料信息统计结果均截至 2007 年 9 月。部分数据由于采集或汇总部门机构的差异，存在一定程度的不一致。本书尊重原文，不做更改，特此说明。

本文所采用照片，除特别说明者外，均系调查组调研期间亲自拍摄所得。所采用手工绘图也系调查组根据所获取资料，后期编辑绘制而成。

调研工作的成功进行得益于布尔津县委、县政府和杜来提乡党委、乡政府的大力支持与帮助。特别是要感谢时任布尔津县委常委、宣传部部长的杨志义同志，在百忙之中抽出时间安排调研乡村、确定调研路线行程，为调研工作的顺利开展提供了很大便利。同时，在调研期间，我们也得到了杜来提乡党委、乡政府的大力支持和积极配合，帮助联系调研农户，安排人员食宿，解决了调研组的后顾之忧。

感谢当地平凡、质朴的村民们。他们为接受我们的调研，很多不顾农忙，放下手里的活计认真回答我们的问题，完成我们的问卷，积极配合我们的调研工作。许多人还热心为我们提供信息，准备茶饭，让我们避免了在村里调研时找不到餐馆吃饭的尴尬。

调研组全体成员石岚、阿德力汗·叶斯汗、古丽夏·托依肯娜、文丰、耶斯尔、马媛、巴哈提·买买提卡里等也同心协力，不辞劳苦，勤奋工作，为按时保质保量完成调研

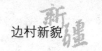

任务付出了自己最大的努力。对他们的辛勤工作和兢兢业业的精神，课题组也表示衷心感谢。

本项目是中国社会科学院中国边疆史地研究中心组织的边疆调研重大项目。该中心在本丛书的立项设计，调研大纲的制定和组织实施，以及书稿的审定与出版组织方面做了大量工作。尤其要感谢李方研究员，她在审稿过程中，提出了许多宝贵意见，保证了本书的质量。还要感谢负责新疆分卷工作的马品彦先生，以及出版本书的社会科学文献出版社的编辑们，他们为本书的问世花费了不少心血，贡献了许多力量。

尽管调研组和本书作者为确保全书内容的准确性、科学性与完整性付出了巨大努力，花费了大量时间与精力，但仍难免会出现谬误或赘言、遗漏之处。敬请读者朋友们予以谅解和批评斧正。

祝福美丽的布尔津更加迷人！祝愿淳朴的布尔津人民更加幸福！更加富裕！

石岚

2009 年 8 月

图书在版编目（CIP）数据

边村新貌：新疆布尔津县杜来提乡哈拉塔尔村调查报告/石岚著. —北京：社会科学文献出版社，2010.6
（当代中国边疆·民族地区典型百村调查/厉声主编. 新疆卷. 第1辑）
ISBN 978 - 7 - 5097 - 1267 - 2

Ⅰ. ①边…　Ⅱ. ①石…　Ⅲ. ①乡村 - 社会调查 - 调查报告 - 布尔津县　Ⅳ. ①D668

中国版本图书馆 CIP 数据核字（2010）第 036434 号

当代中国边疆·民族地区典型百村调查：新疆卷（第一辑）
边村新貌
——新疆布尔津县杜来提乡哈拉塔尔村调查报告

著　　者／石　岚
出 版 人／谢寿光
总 编 辑／邹东涛
出 版 者／社会科学文献出版社
地　　址／北京市西城区北三环中路甲 29 号院 3 号楼华龙大厦
邮政编码／100029
网　　址／http：//www. ssap. com. cn
网站支持／（010）59367077
责任部门／编译中心　（010）59367139
电子信箱／bianyibu@ ssap. cn
项目经理／祝得彬
责任编辑／王玉敏
责任校对／郭红生
责任印制／蔡　静　董　然　米　扬

总 经 销／社会科学文献出版社发行部
　　　　　（010）59367080　59367097
经　　销／各地书店
读者服务／读者服务中心　（010）59367028
排　　版／北京宝蕾元科技发展有限公司
印　　刷／北京美通印刷有限公司

开　　本／889mm×1194mm　1/32
印　　张／7.5　插图印张／0.25
字　　数／165 千字
版　　次／2010 年 6 月第 1 版
印　　次／2010 年 6 月第 1 次印刷

书　　号／ISBN 978 - 7 - 5097 - 1267 - 2
定　　价／138.00 元（共 4 册）